你的每一个晚安都那么意义非凡

Every time
You say goodnight
My heart skips
A beat

居经纬 作品

四川文艺出版社

LEGEND

亲爱的你：

“我们走过的道路，打过的怪兽，旅行所经之地，海洋和花朵，云和幻想，都还在心里，所以请你继续相信爱情，哪怕追寻千里万里。”

晚安。

陆经纬

时光最奇妙的地方

就在于它是一个巨大的滤网，
所有的爱恨情仇经此都会一一筛选，
最后只留下最美好的一部分给我们回忆

目次

告白与告别

Part. 1

CONTENTS

我认识的
那些姑娘

Part. 2

目 次

所有的恋爱都是侥幸

Part. 3

CONTENTS

我的探险终点是

和你一生的相濡以沫

Part. 4

一些人的

离开

是为了

最好的到来。

相爱，

是黑暗中

两个各有轨迹的人相遇，

并肩行走。

如果有一天，

道不同，

则不再相为谋。

这座城市，我还有什么可以倾诉的人，除了你，我还可以跟谁倾诉？

很 多 时 候 共 同 面 对 比 独 自 忍 受 要 好 得 多。

对一个人用情至深，往往是寂静无声的。

_ 寂寞

_ 是种

_ 清福

但你的每一个晚安，
都意义非凡.

安全感是自己给的，

在别人身上获得的，

那是虚无，
是自欺欺人，
是镜花水月。

榨一杯故事给你喝

作为一名写故事的男同学，居经纬和我一样同是理工男，同是出身电气专业，如果向上追溯，日本推理小说作家东野圭吾先生，可以算是我们的同专业而开“不务正业”先河的大师兄。我常看到小居同学在他写的故事后面附上一句话：“不务正业的工科男，温暖故事的制造机。”——这话很有意思，首先体现了工科男机械性意识的思维特质，其次是极具喜剧意味。每次我读到都有一种“唧唧复唧唧，木兰当户织”的画面感，仿佛小居同学瞬间变形成一台高科技故事制造机，矗立在某个咖啡屋或图书馆的一角，在时光深处取材，高效劳作，并随手拦下一个路过的姑娘，操一口熟稔的TVB腔说：

“渴不渴，榨一杯故事给你喝？”

罗伯特·麦基说：“故事是生活的比喻。”可见，故事首先是生活中的一种修辞格，是连贯众生之中甲、乙通性，并做出类比的工具。作为一台温暖故事的制造机，居经纬笔下的故事，萃取了生活中质地柔软、发光发热的朴厚素材，以理工男的独特视角，逻辑严谨地排布场幕，制造危机，化解矛盾，锤炼尾声。他行文简洁，语言通俗而生动，故事中常弥漫着半是顾影自怜，半是调侃戏谑的独特气息，不刻意低俗地搞笑，漫不经心地叙述却常常让人忍俊不禁；他的文字着力汲取生活中的温情片段，却常常在结局出人意表地将故事推向更具思索的新境界。如果说故事是生活的比喻，那么居经纬的这本故事集，无疑是他对心中向往的生活的一例博喻，就好像他发现了一个姑娘漂亮，便会不吝溢美之词一遍遍复述：她真美，美得不张扬又让人舒坦难忘，像午后的一杯卡布奇诺，像冬日穿破云层的一粒骄阳，像月光洒在湖面上，像露珠从荷叶上滚落，滑入宁静的池塘——总之，这种修辞格是美的，就像书中的故事是让人情绪震颤又周身舒坦的。

我常常在想，人为什么要去写故事，为什么要去看故事？

故事是一个有意识的独立生命体，一旦被创作出来，便永远地活在人们的精神世界里。故事能打败时间，投胎转世，就像千百年后，有人在一个梧桐树下读到“都云作者痴，谁解其中味”的字句，依然能感同身受地抹上一把老泪。故事看似是假的，却常常是潜意识里真实的自己。因此我们写些故事，读些故事，无非是想在有限的生命里撞见更多、更好、更神奇的生活，无非是想在别人的生活里遇见更真实的自己，无非是想让自己的生命更加幸福圆融、灿烂发光。居经纬同学的文字，也许未见得老成持重，但稚气未脱的天真，却给人一种真诚的脚踏实地的感觉，这样的故事，值得我们在生命里相遇，值得仔细咂摸，值得在看过、笑过、哭过之后，让读过故事的人，成为更好的自己！

肯尼斯·伯克说：“故事是人生的必备设备。”居经纬同学就像一台开足马力的时光榨汁机，漫步倥偬岁月，采撷吉光片羽，带着青春的意气和稚气，在思考与书写中不断地萃取、提纯文字——到最后，那杯鲜榨的可口故事，不过是生活凝练之后的汁液，是他对这个世界上的爱情、友情、人生、梦想的仰观俯察与一声叹息。也许，在某个深邃长夜，或喧嚣白日，你会和他的文字不期而遇。

那么来吧，朋友，就到这里榨一杯故事喝！

午歌

2015年11月于宁波

Part ONE

告白与告别

很多时候，我们都很难界定告别跟重逢之间的间隔，也无法测量告白跟相爱相遇的概率值，让它成为人生的未解之谜岂不是很可惜，所以下次告别的时候就狠狠用力吧，如有必要，不妨告一个白，晚安！

告白
与告别

1.

2012年夏，我去成都出差，顺便跟秦学吃了顿饭。

我跟秦学三年多未见，而他又深知我是个吃货。在我万般推辞下，他还是带我从双流吃到郫县，从兔脑壳吃到“蒋排骨”，一直吃到食欲被容量所限制才善罢甘休。

我这人好打听，那天又喝了不少酒，肚子里东西一下子消化不掉，就一咕噜全说了出来。

我醉醺醺地对他说：“学弟，你跟那谁怎么样了？”

秦学接着喝酒，没有说话。

我看他神情骤变，知道自己说了不该说的，连忙转移话题：“要不去打打麻将，血战到底？”

秦学同意。

第二天要开会的缘故，那天我们没有玩个通宵。我手气不错，赢得“满堂彩”，秦学似乎一直心不在焉，输了不少。牌局解散后，他开车把我送回酒店，我偷偷把赢的钱放到副驾驶座位上。第二天下午他才发现，给我打来电话，那时我已经飞回北京。

那是我毕业后跟秦学见的唯一一次面。

2015年春节，佳慧结婚，我在佳慧的婚礼上又遇见了秦学。

2.

秦学是我的高三同学，当时他处于被敌方势力半包围阵势，怎么说呢，那时候我前面坐着阿菜，后面是首富，秦学坐在阿菜的旁边，而秦学的后面又是曹公公。我们四个是出名的不安稳，照理来说，秦学“鹤立鸡群”难免不受影响，但是出乎我们意料的是，秦学丝毫“不为我们所动”。就算我们闹得再凶，他头都不会抬一下，依旧在那儿算着老师刚布置下来的晚间练习。

不靠谱的一堆人当中必须有个靠谱的，这仿佛是一个亘古不变的法则。我们一开始对秦学并不好奇，因为我们思想觉悟并没有差到哪儿去，也觉得高三刻苦学习是天经地义的事，所以我们自然就对秦学充满着敬佩，但井水不犯河水般并不会有太多交集。

跟秦学打成一片是在元旦晚会之后。元旦晚会有个你比画我来猜的节目，我本来跟佳慧一组，结果快上场的时候不凑巧肚子疼得厉害，当时推测是之前吃了太多糖果的原因，但也来不及追根溯源只好找人代替我，首富阿菜他们都有搭档，我只好把这个重任拜托给秦学，然后自己就一溜烟跑到厕所去了。

我回到班级的时候，秦学跟佳慧的表演已经结束。我跟秦学说了声谢谢，问他怎么样，猜对了几个。旁边的阿莱比秦学还要激动似的，说：“他俩太厉害了，你这泡屎来得真是及时，成全了一场精彩的表演。”

我说：“我去，真假，居然错过了。”我拍了下秦学，“没想到呀，你这么厉害！”

“哪有，是佳慧聪明，能看得出我在表演什么。”秦学有点腼腆。

“得了，你也不要谦虚了，这次真是万分感谢！”我隔空叫了声佳慧，说，“秦学是不是比我厉害多了？”

佳慧跑了过来，鄙视地嘲笑我一番：“你这个临阵脱逃的屄包，学弟表演能力比你强多了！”

秦学这下更腼腆了，脸都有点微红，他忙摆摆手说：“没有了，佳慧是你识别能力好。”

我在一旁听不下去了，我说：“佳慧，你叫人家学弟干吗，搞得你是学姐似的。”

佳慧嘴上可不轻易饶人，她说：“人家学弟都没介意，你就不要挑拨离间我们队友情谊！你说是吧，学弟？”

说完她的目光就及时落在秦学身上，好像在等秦学的回应。

秦学怪不好意思地点了点头。

我说："得了，你们刚建立的王牌组织情谊，我是自然破坏不了，我好男不跟女斗，你们先培养培养感情。"

两人都没理我，佳慧回到自己的座位上，秦学也从抽屉里掏出了单词册。

大家有目共睹，佳慧的性格跟秦学简直有天壤之别，秦学很腼腆内向，佳慧倒是豪爽不矫情，我们几个都拿她当汉子对待。不过佳慧面相姣好，喜欢她的人还是不在少数的。

我跟佳慧之前也搭档过，我跟她搭档完全不同于阿菜他们找自己喜欢的女生那样，我们纯洁得很，我看不上她，她也看不上我。她跟我做过短暂的同桌，俗话说一日同桌百日恩，当漂亮温柔的姑娘都被阿菜他们一抢而光时，我只能找她帮忙。

3.

后来，秦学就成为我们这帮人中最靠谱的一个，但是他不会跟我们同流合污，不会跟我们一样扰乱自习课堂秩序，更不会跟我们一样晚自习偷偷溜出去吃路边摊，只是我们的交集越来越多，再也不像之前那样风平浪静、相安无事了。

跟我们这帮人在一起肯定处处是故事，没有故事也要编造出一段传奇来，何况哪个少年不多情，哪个学霸不暗恋一个女生。

知道秦学喜欢佳慧纯属意外。

那阵子外班有个男生每天晚自习前都会来我们班找佳慧，每次佳慧被叫出去的时候，我们几个就会跑到门后面一探究竟。因为没发生什么亲密接触，离得太远也听不见他们在说什么，所以每次都是无功而返。我这人八卦心理特别严重，只好去调侃佳慧，试图挖掘真相。

佳慧经过我们这儿的时候，我就会拦住她，不怀好意地问她："佳慧，你什么时候有男朋友了？要高考了呀，千万不要分心呀。"

"你胡说什么，你找死呀。那是我表哥。"说完，她就甩发走了。

"佳慧她表哥长得挺帅的。"秦学突然间冒出一句。

我惊讶地看着他，他尴尬地笑了笑，随后就继续低下头看书了。

当时我就推断秦学对佳慧肯定有意思，为了验证我的伟大猜想，我让阿菜他们陪我演了一出戏。

课间的时候，我对阿菜说："倘若你大学谈恋爱，你会找哪种类型的女生呀？"

阿菜喜欢娜娜在我们班早已不是个秘密，阿菜自然毫不避讳地说："娜娜那种的。"

我继而问首富。

首富毫不犹豫地说："风筝，你懂的。"

我把问题抛向秦学，我说："学弟，那你呢？"

秦学说："暂时不会考虑这些。"

我不想放弃，继续说："就是哪种类型的你会考虑，像班花那种的，还是娜娜那种的，还是佳慧那种的，还是其他的？"

秦学环顾了一下四周，沉默了一会儿，告诉了我一个让人满意的答案："佳慧那种的吧，活泼型的，我嫌我自己太内向了。"

秦学没能说出来的意思，想必大家都不言而喻。我们也心照不宣地帮秦学保守秘密，史无前例地不制造八卦不传播八卦。

我原以为这是青春中很正常的一次暗恋，一次注定无疾而终的暗恋。秦学这场一个人的兵荒马乱一直到毕业都没有说出来，后来他去成都念大学，我也更加坚信我之前的论断，因为佳慧去了南京读大学。

4.

上了大学之后，大家联系得越来越少，但是有些消息还是不胫而走了。

秦学跟佳慧在一起了，但这个在一起有点波折。

原来上了大学之后，秦学会主动找佳慧聊天，询问她在大学的点滴。后来，佳慧被一个学长表白，佳慧还问秦学："假如你喜欢的人跟你表白，你会不会答应呀？"

秦学有点不解："为什么不答应呢？"

"因为认识时间还不长，我还没有完全了解他，我怕他对我只是一时好感。"佳慧说。

秦学不知道说什么好，只是回了句："你跟着自己的感觉走呀，我怕给你误导。"

佳慧说："那暂时不要答应他好了。"

秦学没有想到的是，第二天佳慧告诉秦学："那个学长今天约我吃晚饭，还送了我一大束玫瑰，我觉得当面拒绝他不太好，只能答应了。"

佳慧没有收到秦学的回复。

秦学收到佳慧短信的时候已经到了南京，他坐了一夜的火车，手机早就没电了。

找到住处之后，他给手机充好电看到佳慧发来的短信一下子脑袋空白了。他原本计划着来南京跟佳慧吐露心迹，趁着佳慧举棋不定背水一战，谁曾想到会被学长抢占先机。

“学弟”输给了学长，姜还是老的辣。

秦学只能打电话给首富，当时我们那一帮人就首富在南京，一开始首富还很惊讶，问秦学他怎么想起来开学不到两个月就过来旅游。

秦学一开始没有说出实情，后来首富带他去吃晚饭的时候，看他一个劲地喝闷酒，才看出端倪。首富问他是不是因为佳慧的时候，秦学没忍住眼眶就湿了。

这段陈年旧事知道的人不多，我还是从首富口中得知的，佳慧更无从得知了。爱情这种事还真不能冲动，佳慧跟学长在一起没多久就被学长给踹了。那阵子，秦学还是一如既往给佳慧发关心短信，佳慧都没有回复。这下可急坏了秦学，秦学思前想后还是给佳慧打了电话，响了很久都没人接。

秦学不知道如何是好，就在心灰意冷的时候，佳慧来短信了：这阵子生病了，不想聊天，不好意思哈。

秦学打了一行字：“好端端的怎么生病了呢？去医院了吗？吃药了吗？记得多喝热水……”后来他想了想，觉得自己身份不对，再说佳慧又有男朋友，他按了撤销键后给佳慧回了句：“没事，你注意休息。”

之后几天，秦学都忍着没有主动联系佳慧，倒是又过了几天之后，佳慧问了秦学一个奇怪的问题：假如一个人离开你是不是代表他不喜欢你了？会不会有可能很喜欢，怕在错误时间里消耗对的感情，所以先冷藏一段时间？

爱情真的让一个人变得面目全非，昔日大大咧咧的佳慧也开始自欺欺人起来。秦学似乎猜到了佳慧为什么这么问他，但是他没有揭穿佳慧，而是告诉佳慧，一些人的离开是为了最好的到来。

第二天晚上，秦学就带着他最大的善意来到了佳慧的学校。

佳慧看到秦学的时候十分诧异。她对秦学说："你怎么想起来南京了，不上学了？"

秦学撒了个谎："来南京找首富的，结果他今晚有课，只能找你来当我的导游了。"

他俩那天晚上从新街口吃到夫子庙，那天晚上的佳慧丝毫看不出是刚失恋的姑娘，秦学看到佳慧吃得津津有味的时候备感欣慰。

"你怎么不吃呀，看着我干吗，脸上有吃的油渍？今晚应该我带你吃的，结果我吃得比你多了。"

秦学笑了笑，说："我今天玩得很开心，谢谢你呀佳慧。"

佳慧更加不好意思了，说：“别这么说，我应该谢谢你才对，最近心情不太好，你看你把我吃得连伤心都忘了呢！”

秦学没有问佳慧最近为什么心情不好。他对佳慧说：“我这人不太爱说话，也不会做什么浪漫的事。佳慧，我只想告诉你，如果你不开心，我就不开心，你开心了，我才会开心。”

气氛有一分钟的尴尬，秦学说完就低下头，再也没勇气看佳慧。

佳慧说：“时间不早了，我们先回去吧。”

坐在出租车上的时候，两人一句话没说。出租车司机是个幽默的南京人，说了句：“两人吵架了呀，男生应该主动点哈，不能让女生等着急呀。”

这下气氛更尴尬了，秦学紧张得手心直冒汗，最后他终于说了一句：“对不起，佳慧，我不应该跟你说那些的，我太自私了。”

佳慧说：“对不起，秦学，是我太自私了，我现在不知道怎么回答你，你让我冷静冷静好吗？”

秦学没有说话，出租车司机也知道自己煽风点火了，整个车里安静得很，只听见车窗外呼啸疾驰的风声。

后来的事情，就是在朋友圈传开的两人在一起的消息了。

秦学告诉我们，也不算真的在一起。佳慧跟他说试着在一起，但不会像其他情侣那样，有些特权还是没有的。

我说："即使有，你也用不上，一个在南京，一个在成都，除了电话粥，你们还能干吗？！"

后来想了想这么说不好，应该多多鼓励学弟，又话锋一转："不过已经是非常好的开始了，未来会更好。"

未来果真是会更好的，那年暑假我们高中班级聚餐的时候，我远远看见秦学牵着佳慧的手走过来，他俩的脸上都洋溢着笑容，秦学变得不再那么腼腆，佳慧也收敛了自己太过豪爽的性格。

我们几个那天灌了秦学很多酒，我们打心眼里为他感到高兴。

看到佳慧帮秦学挡酒的时候，我还真有点嫉妒学弟。不知道我的那个她什么时候出现呢？

5.

"好景不长"这个词在我们这个年纪总归会出现的，虽然我们都想它不要出现在我们身上，但是不偏不倚，无一幸免。

佳慧跟秦学提出分手的时候，我们的大学生涯已经过了一大半。佳慧对秦学说："秦学，我总觉得自己对你不公平，这几个月来，这几年来，你都默默地喜欢着我，但是我却没有像你喜欢我那样喜欢你。刚开始的时候，我想着可能时间久了我就会喜欢你，但是后来我发现有些事情是不能勉强的。秦学，你真是个非常好的男生，我不想再让你为我浪费时间和感情了。对不起。”

秦学没有说什么挽留的话，只是告诉佳慧，他会等她，一直会等她。

这一等就是六年，直到收到佳慧的喜帖。

跟佳慧结婚的那个男生，是佳慧毕业后工作时认识的，地地道道的南京人，长相和事业以及家境都很不错，有一点跟秦学很像，就是看起来很稳重，给人踏实的感觉。

我对坐在旁边的首富说：“秦学多多少少还是影响了佳慧，你看这男的跟秦学好像呀。”

首富说：“一段感情，两个人的成长，彼此都会对对方有影响的，既然走过，肯定会留下痕迹的。”

我不敢相信首富会说出这么有哲理的话，问他：“你最近变了呀，你不会也……”

“别想太多，还是秦学跟我说的。”

“对了，秦学跑哪里去了？刚才还在的。”我环顾了四周。

“上厕所去了吧，一会儿他要代表我们高中同学新婚致辞了。”

“为什么不是我？”我心想我可以上台致新婚辞的时候给自己物色一个呀，据说佳慧的大学舍友一个比一个漂亮，而且都没结婚。

首富说：“一开始是想给你的，但是秦学执意要，静观其变吧。我觉得不会出什么事的。”

我们听到台上主持人说话：“有请新娘的高中同学代表秦学先生上台致新婚辞。”

在我们的注视下，秦学走上了礼台。

“各位亲朋好友、各位同学、各位来宾，大家好，我叫秦学，今天我代表新娘佳慧的高中同学发言。我那些可爱的高中同学刚在台下交给我一个巨大的任务，说是让我把新娘替他们抢回来。我相信在座的各位中，曾经暗恋或者喜欢佳慧的男同学在见到新郎前心中肯定是有一万个不服气的。但是我相信此时此刻，他们也会心悦诚服，因为我们的新郎是一个才貌双全、值得托付终生的人，我们相信佳慧的眼光，所以我今天恐难完成组织给我的任务了，下去后我会甘愿受罚。而在受罚之前，我要代表台下的同学和那些男生说句心里话，我们把我们亲爱的佳慧同学交给新郎有一万个放心。新婚快乐，谢谢大家！”

我手心里捏了一把冷汗，台下掌声一片。

我想起那次我去成都，秦学对我说的一番话。他说：“到了成都不吃美食，总让人有入宝山空手而回的感觉。虽然你只是路过，但也不要有任何遗憾，你会记住它们的味道，多少年以后也会给自己一个念想，毕竟曾经拥有过。”

那个叫莎士比亚的男人说，世间的很多事物，追求时候的兴致总要比享用时候的兴致浓烈。可是，我想了下，在妙不可言的青春里，全是独一无二的你。晚安。

离开你
是我最后能为你做的事

高三刚开学没多久，班主任就将姜宇分配到蓓哥旁边。

班主任对蓓哥说："这个姜宇同学就交给你了。"

蓓哥站起来，郑重地说："保证完成任务。"

和蓓哥不一样的是，姜宇看起来是个文弱书生，长得清秀，算是个帅哥。

和姜宇不一样的是，蓓哥是个姑娘，一个抽烟喝酒打架无所不能的女汉子。

但是蓓哥好看得一塌糊涂，虽然很多男生背地里说她女痞子一个，简直毁了校花这个称号，但是每逢佳节，我们班门口走廊上就排满了男生，都是来给蓓哥送礼物的。

蓓哥从不拒绝，我们乐呵呵地帮她代收礼物，像是她的管家。

蓓哥特仗义，她与民同乐，所有礼物都给我们自由挑选，最后剩下来的她才会扔进垃圾桶——也只有那些既不中看也不中用又不中吃的东西才会有这样的待遇，比如情书。

蓓哥收到的情书可以绕我们楼层的走廊一圈，但蓓哥从不自己拆开来看。我们有时候会偷拿过来传阅，哎哟，一个比一个写得肉麻。

当然，这些老师统统不知道。在老师的眼里，蓓哥是个名副其实的好学生。蓓哥成绩优秀， 留着利落的短发，人畜无害。

而姜宇就恰恰相反，别看他外表憨厚老实，成绩却是差得濒临绝望。

对，我们班主任会将学生的成绩排成表，谁是重点希望，谁是一本希望，而姜宇只能是绝望。

我们问姜宇："你是脑子笨还是不爱学习？"

姜宇说："我兼得。"

我们异口同声："蓓哥，这任务恐怕完成不了。"

我总觉得蓓哥毕业不做演员实在是太可惜了，她上课比谁都认真，下课就暴露侠女本质。

姜宇刚坐过来的时候，蓓哥问他："你觉得我是个怎样的女生？"

姜宇起初不说话，我们起哄这有什么不好说的，蓓哥不拿你当外人。

姜宇这才憋出一句话："我以前的同桌好像喜欢你，他还让我给你写过情书。"

蓓哥问："你会写情书，文笔很好是吗？"

姜宇答："不是写，是帮他抄一遍，我字写得还行。"

蓓哥说："助纣为虐的事就不跟你计较了，毕竟不知者无罪，往后你要好好学习，不能偷懒松懈，你跟他们一样叫我蓓哥就好。"

我们之后问蓓哥："你真的要帮他学习呀？"

蓓哥说："不然呢？一言既出，驷马难追。"

上课时，姜宇趴在课桌上睡觉，蓓哥就用笔尖戳他大腿，直到他清醒，后来姜宇左裤腿的上部全是蓝点。

蓓哥要求姜宇上课记笔记，不懂的地方下课问她，如果姜宇说全部听懂了，蓓哥就会让他立即把老师布置的课后作业做完。

蓓哥给姜宇约法三章：一、下课不要出去溜达；二、午睡时间留在班上；三、作业全部做完才能回家。

一开始姜宇还很配合蓓哥，每天任劳任怨地坐在教室里，一门心思地看笔记做题，连上厕所都两趟并一趟。

我们都对蓓哥说："你太残暴了，那些人都被你的一张脸给骗了，如果你真跟一个人谈恋爱，不用几天就会被甩。"

"倘若我真的碰到那个人，老娘被甩也心甘情愿。你们不要破坏我给姜宇制订学习计划。"

什么学习计划，他每天连上厕所的时间都没有。

周末突进计划！

姜宇真可怜，连双休日都没有了。

到了周末的时候，蓓哥早早来到学校，等了半天姜宇都没有来。

蓓哥暴跳如雷，给我们打电话，说要全城搜捕姜宇。

蓓哥找来联系表，让我们给姜宇家里打电话，电话是姜宇的奶奶接的，说姜宇一早就去学校了。

"姜宇这浑蛋，没看出来他还会跟我玩失踪。"蓓哥气得直跺脚。

"算了吧，不管他了，蓓哥，你又不是他妈。"我们说。

蓓哥问我们，之前在我们经常去的网吧见过姜宇没。

没有吧，姜宇那小子应该不会玩游戏吧。

"那你们认为他会去哪儿？"

"球场吧，他那身高体型不会打篮球应该说不过去了。"

"好，那我们兵分两路，我去球场找他，你们去学校附近的网吧。"

蓓哥在球场上找到了姜宇，姜宇当时正在跟几个男生打比赛，两个男生包夹姜宇，姜宇无法突破。队友喊着姜宇你顶呀，不要往后缩了。

蓓哥在球场外喊："姜宇，你给我出来！"

姜宇没有理她，眼看无后路可退，纵身一跃一个三分，球居然进了。

蓓哥在一旁忍无可忍，对着姜宇大喊："你他妈以为老娘愿意周末来陪你自习呀，你还不乐意。姜宇，你自己一个人慢慢玩吧。"

蓓哥说完就离开了。

那天，我们回到班上的时候，蓓哥在那儿抽烟，而姜宇的座位也被搬到靠垃圾堆那边。

"这怎么回事？决裂了呀。"我们煽风点火。

"今后姜宇是死是活都跟我没有关系了，班主任的差事我也不管了，总之，他姜宇自生自灭吧。"蓓哥说完，小声嘀咕了一句，"他投三分还挺帅的。"

周一的时候，姜宇来到班上看到自己的课桌不见了，劈头问蓓哥："张蓓蓓，你把我课桌放哪儿了？"

蓓哥不说话，头都没抬一下。

姜宇继而询问我们，我们不能出卖蓓哥，只好摇了摇头。

"张蓓蓓，你想知道我为什么周末爽约吗？"

"不想知道，叫蓓哥，不要直呼我大名。"

"张蓓蓓，我喜欢你。但我知道你不会喜欢我，你只是在完成老师给你的差事，所以我不想再这么下去。我不喜欢你每天不厌其烦地跟我讲题，我不喜欢你每天陪我自习到教室里一个人都没有，我更不喜欢你牺牲你的周末时间来监督我。我不想亏欠你，因为我什么也做不了，连光明正大喜欢你的资格都没有。"

卧槽，我不信他不会写情书。这小子之前肯定在骗人。

蓓哥目瞪口呆，一时半会儿头脑一片空白。

“那谁，你们帮他把课桌搬过来，我出去喘口气。”

蓓哥回到座位上的时候，姜宇开始有点紧张了。

蓓哥说：“刚才的话我都没听见，你继续好好学习就行。另外，你们以后不要叫我蓓哥了，叫我张蓓蓓，蓓蓓也行，我觉得蓓蓓挺好听的哈。”

我们趁姜宇上厕所的时候问她：“蓓哥，你该不会是喜欢他了吧？”

“别胡说呀，还有，不要叫蓓哥，叫蓓蓓。你们不觉得蓓哥很不矜持吗？”

“矜持？蓓蓓你怎么了？”

“没怎么，你们不要管我。”

后来，蓓蓓就很少抽烟了，也不跟我们去网吧了。

我说蓓蓓你从良了呀。

“老娘，不对，我最近得好好照看姜宇，快要考试了，老师要验收我的培养成果了。”

“蓓蓓，昨天晚上我看到你跟一个男生手牵手，该不会是姜宇吧？”

“怎么可能，你看出来了？”

“你紧张什么，我会帮你保密的。”

“你，是又怎样？姜宇很帅呀。”

“我就知道你看上他了。”

阶段考试成绩出来，姜宇的名次提高了不少，但跟蓓蓓还是有很大的距离。

蓓蓓鼓励姜宇，让他不要放弃，她会陪他一起努力。

昔日的女混混俨然消失了，我们有点不适应。

我说："蓓蓓，你真是重色轻友，假公济私，老师让你辅导他，又没让你跟他谈恋爱。"

蓓蓓说："肥水不流外人田，我家姜宇又帅又听话。"

"受不了你了，蓓蓓。"

但是令我们想不到的是，姜宇后来跟蓓蓓分手了。

蓓蓓如闻晴天霹雳，找姜宇索要原因。

姜宇说他喜欢上别人了，不想跟蓓蓓再有什么瓜葛。

蓓蓓伤心欲绝，又开始抽起了烟，晚自习也开始不见踪影。

我们很替蓓蓓感到不值，想跟姜宇好好谈谈。

找到姜宇的时候，他正在球场打球，只有他一个人。

我说："姜宇，你没有喜欢上别人吧。你只是想让蓓蓓离开你。"

姜宇说："我不想耽误她，她可以去一所非常好的大学，我不想她因为我做一个错误的选择。"

我说："姜宇，其实很多时候共同面对比独自忍受要好得多，既然能在一起，就不要轻易分手。一旦分手，后来即使后悔也无法挽回了。"

姜宇说他不后悔。

很快就高考了，蓓蓓低落了一段时间后又恢复了平静。

她跟我换了座位，我成了姜宇的同桌。

我发现姜宇上课其实很认真，下课也是认真做作业。是的，习惯一旦养成，就改不了了。

有一次晚自习课上，姜宇突然转过身来问我："蓓蓓，这道题怎么做？"

我愣了一下，没有说话。姜宇也尴尬地转过身去。

我看到前排的蓓蓓身体动了一下。

后来，高考成绩出来了。蓓蓓考上了上海的一所985高校。

而姜宇名落孙山。

姜宇没有复读，而是去了上海的一所专科学校。

那年夏天，蓓蓓一声不响地就去了上海，谁也没有道别。

姜宇给蓓蓓打电话，问她在哪儿，有话想对她说。

蓓蓓丝毫不念旧情，说，去上海了，有话快讲，没事就挂了。

姜宇沉默了一会儿，说没事，一路顺风。

上了大学后，姜宇一有空就去找蓓蓓。

蓓蓓说："你又来找我干吗？"

姜宇说："来追你呀。"

蓓蓓说："你这样有意思吗？"

姜宇说："没意思，可是我喜欢你呀。"

蓓蓓说："求你以后不要来烦我了。我不喜欢你了。"

姜宇没有再说什么，从那之后，姜宇就没再去找过蓓蓓。

蓓蓓到了大学依旧人气很高，追她的男生依旧可以组队踢场足球赛。

蓓蓓很快就在朋友圈宣布了恋爱消息。

我们都在评论区插上玫瑰，表示祝贺，唯独姜宇的一个赞显得非常刺眼。

蓓蓓的男朋友是她院系的学长，要颜值有颜值，要身高有身高，要毛爷爷有毛爷爷，是个名副其实的高富帅。

我们问蓓蓓："你真的喜欢他吗？"

蓓蓓说："喜欢呀，干吗不喜欢，高富帅谁不喜欢。"

我们觉得她说得非常有理，扪心自问，白富美谁不喜欢。

可是好景不长，蓓蓓被高富帅劈了腿。

富家公子哥的毛病，花花草草太多，正好被蓓蓓撞见，蓓蓓受不了，当众扇了高富帅一巴掌。

高富帅颜面全无，直接提出分手。

蓓蓓伤心欲绝，在电话里泣不成声。

我说："远水救不了近火，要不我们让姜宇去陪你。"

蓓蓓说千万不要让姜宇知道，她不想让姜宇成为救死扶伤的药草。

姜宇被蓓蓓发出逐客令后，在学校沉沦了一段时间，遇到了刘瑶。

刘瑶对姜宇一见钟情，穷追不舍，姜宇招架不住，很快就俯首称臣。

姜宇跟刘瑶在一起后，变得特别上进，刘瑶是个富家千金，姜宇不想被人家说闲话。

姜宇开始自主创业，在周边学校搞一个大学生团购的项目，每天奔走于各个餐厅酒店寻求合作，晚上回来就疲惫不堪。

刘瑶很会为姜宇着想，不仅利用自身的关系帮助姜宇打通了很多人脉，还帮姜宇招兵买马，很快项目越做越大，一年多的工夫，姜宇的团队已经有二三十人，公司很快就吸引了投资人的目光。

姜宇不知道从哪儿知道了蓓蓓失恋的消息，直接扔下工作赶到了蓓蓓学校。

找到蓓蓓的时候，蓓蓓在KTV唱着单身情歌，桌台上的啤酒罐排成一排。

蓓蓓哭着说："他不爱我了。"

姜宇没有说话。

蓓蓓哭得更凶了，不停地说：“他不爱我了他不爱我了他不爱我了……”

姜宇说：“没事，我还……”

姜宇没有说下去，硬是把“爱你”两个字又吞下肚去。

那天晚上，姜宇把自己和刘瑶的事全部告诉了蓓蓓。

蓓蓓听完说了一句：“刘瑶是个好姑娘，你要好好珍惜。”

姜宇点了点头，说：“那你要照顾好自己。这几天我那儿会很忙，没空来陪你了。”

蓓蓓破涕为笑，说：“你放心吧，我可是人见人爱的蓓哥，怎么可能为了一个男生要死不活呢。”

姜宇听了说：“是呀，当年的蓓哥真是帅得惨绝人寰呀。”

蓓蓓说：“得了，别当年当年的，不早了，赶快回去吧。”

姜宇回去后把事情的来龙去脉告诉了刘瑶。

刘瑶什么也没多问，她说她不介意姜宇的过去，也不介意那些旧人，只要姜宇现在愿意跟她在一起就好。

姜宇当时就湿了眼眶，他决定忘掉蓓蓓，从此对刘瑶一心一意。

蓓蓓毕业的时候，姜宇的公司已经有模有样了，姜宇打电话给蓓蓓，问她要不要来公司帮忙，送她股份。

蓓蓓拒绝了，笑着说：“一山不容二虎，我这暴脾气，你管制不了我。”

姜宇也没有再勉强她，挂了电话自嘲了一句：“瑶瑶可不是什么母老虎。”

蓓蓓毕业离开了上海，来了北京，我去为她接风洗尘。

我问蓓蓓，你为啥不留在上海，上海多好，北京雾霾严重，会影响你的肤质的。

蓓蓓说："待在上海我心情不好，还不如到北京重新发展，万一遇上京城四少什么的对我一见钟情呢？"

我说："蓓蓓，你原来是想嫁入豪门呀，我觉得姜宇这小子是个潜力股，说不定用不到几年他就变成豪门了，而且他比那些四少帅多了，最重要的是姜宇还喜欢你。"

蓓蓓说："姜宇有刘瑶，兔子不吃窝边草，好马不吃回头草，我跟姜宇合不来。"

我说："蓓蓓，其实一直有个秘密没有告诉你，姜宇高中跟你分手是因为……"

蓓蓓捂住了我的嘴："别说了，其实我早就知道了。"

我说："那为什么你不把他追回来了呀，他喜欢你，你也喜欢他，为什么不在一起呢？"

蓓蓓说："比起他喜欢我，我不够喜欢他，我不能再自私了。"

后来蓓蓓每次叫我出来吃饭，我都带上朋友介绍她认识，我想帮她忘掉姜宇。

我知道，忘记与放下对于他们是最好的选择。

蓓蓓每次都能看透我心思，配合我在饭局上说说笑笑，但朋友一离开，她就笑意全无，她让我不要再为她白费心机了。她说爱情这事不是说爱就爱上的，得靠感觉。

我说："蓓蓓，其实我有一件事情困惑了好多年，你当年为什么看上姜宇？追你的那些人当中，比姜宇学习好的、长得帅的、家境好的多了去了，你喜欢他什么？”

蓓蓓说：“喜欢他字如其人呀，人跟字一样好看。”

我不解。

蓓蓓说：“他投三分球挺好看的，就是高中我们找他那次，我正好看到他投了一个三分球。”

我还是不解。

蓓蓓说：“我也不知道为什么喜欢他，可是当爱情来临时，你是躲也躲不了的。”

我懵了，我单身这么多年，爱情什么时候来敲我的门呀？

日子就这样一天天过去了，姜宇没再给蓓蓓打过电话。

蓓蓓也不再三天两头找我喝酒了，开始安安稳稳上下班。她有时候也会帮我介绍姑娘，但都没成功。我说：“蓓蓓，跟你在一起的姑娘境界太高了，你能不能为我们贫苦老百姓着想着想。”蓓蓓说：“别着急，你终身大事就交给蓓哥了。”

我欣喜：“不过蓓蓓你好像单身好长时间了呀，你该不会是六根清净四大皆空了吧？”

“去你的，本姑娘在闭关，出关后一定让你看看我风光依旧，丝毫不输当年。”

这几年我跟姜宇也经常通电话，姜宇的公司运营得特别好，他在上海定了居买了房。

姜宇每次跟我打电话都会问我们过得怎么样，如果不如意可以去找他。

我知道姜宇是想打听蓓蓓的消息，我说：“我们挺好的，实在混不下去会去投靠你的，好让你报答当年的同桌之情。”

最近一次通话，姜宇告诉我他要跟刘瑶结婚了，日期定下来会第一时间给我们寄请帖。

姜宇把给蓓蓓的请帖也寄给了我。

我把请帖交给蓓蓓的时候，蓓蓓掉了几滴眼泪。

她说：“刚才这几滴眼泪是我对姜宇最后的爱，以后就不能喜欢他了。”

我说：“你们俩真是奇怪，明明心里有对方，但就是不说出来。”

蓓蓓说：“因为我们都知道给不了对方最好的未来。以前他不能给我，现在我不能给他。”

我明白蓓蓓的意思，我说：“但是万一对方并不在乎你给不给得了呢？”

倍倍说：“爱情最伟大的地方不是占有，而是成全。我能为他做的最伟大的事情，不是爱他，而是让自己不爱他，这样他才会对我死心，才会选择最适合他的生活。”

我好像一下子就明白了，就像当年姜宇在高考前跟蓓蓓分手，骗蓓蓓说喜欢别人了；蓓蓓一毕业也离开了上海，这样姜宇就不会动不动去找她。

蓓蓓看着请帖说：“他的字还是很好看。”

我这才发现原来请帖上的字都是姜宇自己写的，请帖也是姜宇用心设计的吧。

我终于明白蓓蓓口中的“字如其人一样好看”。

我的眼泪一下子涌了出来。

姜宇结婚的时候，蓓蓓没有到场，她说她怕自己一冲动就砸了婚礼。

姜宇给她拨过去电话，问她在哪儿。

蓓蓓说："跟我男朋友在海边度假呢，新婚快乐呀，虽然我人未到，但红包派人带过去了。你也不用专门来催我呀。"

姜宇笑了笑，说："那好，你好好度假，只可惜刘瑶一直想见你一面，她想看看当年把她老公迷得神魂颠倒的女生究竟长啥样。"

蓓蓓说："这还不容易，回头你让她看我朋友圈。"

我接到蓓蓓电话，她让我帮她封个大红包给姜宇。

我说："要有多大，跟我的一样大行不行？"

蓓蓓说："不行，比你多一张毛爷爷吧。"

我说："为啥，都是他高中同桌，怎么你的要比我的大？"

蓓蓓说："那一百块是分手费，不然落下个'连一百块都不给我'的骂名不好。"

我在电话里哈哈大笑："对了，你在哪儿？"

"我在度假呀，先不说了，拜拜。"

挂了电话，我刷了刷朋友圈，看到蓓蓓发的一张自拍照，配了两个字：出关。

我一眼就看出来她是在我们高三教室里拍的，她背对着黑板，黑板上有四个字：新婚快乐。

评论区已经炸开了锅，蓓哥风韵犹存呀、蓓哥好帅、蓓哥约不约、蓓哥发图征婚了……

只有姜宇点了一个赞，什么也没说。

那颗爱心阔别了数年，既是告白又是告别。

仿佛这世间所有的遗憾和荒唐，都有一个插着美好初衷的出发点。

书翻到最后一页，故事才能圆满，不然总心心念念着结局。电影落幕，才能放心离场，不然总遗憾错过了彩蛋。要放下一个人也一样，看到他跟别人步入婚姻殿堂，不再拥有，不再具备资格，无须落荒而逃，无须闭口不谈，时光最野蛮，每个人终将风轻云淡。

但你的每一个晚安，都意义非凡。

我的头顶有一片云，我走它也走，我停它也停。我抬头看它，温黄的光从它背后透出，诗一般地交融。时间在静止中消散，我还是想起你来。虽不能执手，也无半点遗憾；我用一生且歌且颂，定不负你山高水长。晚安。

你不知道
我爱你

1.

2011年，大二下学期，陈晓东退学了，大家都在传是“家里没法供他读书了”。

陈晓东在四川的一所二本大学念书，学的是建筑，大一一年绩点在全专业排第一。他退学的时候，全院都传得沸沸扬扬，没有人知道他去了哪里。听他宿舍的哥们儿说，晓东经常说高考失误没去成北京很可惜。

2.

北京是个好地方，到处都是川流不息的人群，每个人都是街头的时尚宠物。

林若然和几位同学坐在餐厅里，透过玻璃窗便可以看到他的微笑，是少女最偏爱的阳光。

林若然看了看时间，心想晓东怎么还没有打电话给他。

昨晚晓东打电话给他说可能要来北京玩几天，说如果到北京就给他打电话。

若然给晓东打了电话，没人接听。

坐在若然旁边的女生叫心辰，心辰是艺术学院的，学的是舞蹈。

心辰笑着拍了拍他："喂，若然，大家出来吃个饭，也没有必要把你女朋友叫来吧。"

林若然没有再给晓东打过去："我给我一个高中同学打电话，我女朋友在上课呢。"

"周末还上课呀，你女朋友在哪个大学上学呀，这么苦逼。"心辰玩着Flappy Bird，"又死了，若然你怎么玩100多分的，你教我玩吧。"心辰捧着手机给若然看，无辜的眼神晕红了若然清秀的脸颊。

"菜快上了，别玩了。"若然很显然心不在焉的样子。

旁边的哥们儿突然冒出一句："林若然，你这小子真行啊，你女朋友隔三岔五就来找你，也没见你去你女朋友学校找过她。还有我们敬爱的心辰美女也对你万分崇拜，你可真有艳福啊。"

"喂，别说话带着一身的酸味，我可没崇拜他哦，他女朋友是对他万分宠爱的啊。"心辰看着若然，仿佛不是为了反驳旁边哥们儿说的。

"吃个饭怎么这么多废话，吃还堵不住你们的嘴。"若然明显生气了，眼神中带着逃离的慌张。

"不是没还没吃嘛，林大才子激动啥。"

3.

卢一涵，林若然的女朋友。

加上陈晓东，就是当年高中最铁的三人组合。

那年高考，林若然是他们那个小县城的探花，来到了北京一所知名高校念法律。而卢一涵也跟着林若然来到了北京。

陈晓东因为第一志愿没去成，只能留在四川。

四川与北京的距离，2 000公里。

4.

那天，林若然在KTV和好友们唱歌，突然接到卢一涵电话，一首《爱如潮水》没唱完，放下话筒正准备出去。心辰叫住了他："大才子，你不能半路开溜吧。"

"接个电话，一会儿。"

林若然接了电话："怎么了，我现在忙呢，你快说。"

"呃……你先忙吧。"电话那头声音很微弱。

"我晚些时候打给你吧。"说完，林若然立即挂了电话，继续去唱歌了。

心辰抢过若然的手机，举起话筒："我提议，大家把手机都关了，今天不醉不归。"还没说完，若然的手机就被心辰"停工"了。

5.

卢一涵一个人在成府路漫无目的地走着，她不知道要去哪儿，也不知道能去哪儿。

路边的霓虹灯在她的身下投下了一个无精打采的身影，这是一只无所希冀的灵魂在游荡吧。

有什么事比我还重要，哪怕听我把话说完。

哪怕我能够拥抱你的影子，这样就不会孤单。

你是不是越来越不爱我了，还是我太敏感了？

可是我现在真的需要你。

这座城市，我还有什么可以倾诉的人，除了你，我还可以跟谁倾诉？

6.

卢一涵不知道是从何时开始就感觉自己跟林若然的关系变化了，上次见到的跟林若然在一起的女孩到底是谁，是林若然口中的“学生会同事”吗？

为什么我感觉那女生看若然的眼神不一般？

为什么自从那个女生出现，若然就很少主动给我打电话了？

若然告诉我会跟那女生保持距离，他会兑现他的诺言吗？

为什么若然上次看见王先生送我玫瑰，他却没有太大的反应？

卢一涵不敢想下去，她看着这黑夜，四周树木遮挡住的月光稀稀疏疏，竟没有任何跳跃的身影。

卢一涵感觉某种东西要吞噬她，比她白天遇到的还要可怕，还要恐怖。

卢一涵努力地向前跑，不敢停下来。

7.

不知不觉，卢一涵来到了林若然的学校门口，心想已经过去这么长时间了，若然已经忙完了吧。

卢一涵拨通了电话，听到的却是：“您拨打的电话已关机，请稍后再拨。”

不管大人还是小孩，心中都会有个最柔软的地方，等待着那么一个时刻，那么一个场景，那么一句话，或者是那么一个人来轻轻触动。对于卢一涵来说，现在就是如此。

何况现在的卢一涵正处于几乎绝望的边缘。

突然手机铃声响了。

一涵似乎从整个黑暗中看见了一丝光亮，拿起电话，放肆地哭了起来："若然，你为什么现在才打电话给我。我很害怕。我不知道怎么办……"呜咽的声音中仿佛透着一丝歇斯底里的怨恨，或者只是全部的倾诉。

"一涵，你怎么了？我是晓东，你怎么了？"电话那头语气明显是着急大于吃惊。

"晓东，晓东是你啊，我——我没事。我以为是若然呢。"卢一涵拼命地强忍住急促的呼吸。

"一涵，你到底怎么了？看我能不能帮你什么。"那种焦急似乎要冲破电话，直接穿越到北京，降临到卢一涵的身边。

"我，晓东……我不知道怎么办，酒店经理白天对我毛手毛脚，我想辞职，但是我又害怕找不到工作了。我真的不知道怎么办，若然今天好像很忙，手机也关机了。"

"你先别害怕，你明天去上班。我把这事跟若然说一下，他是法律系才子嘛，让他用法律吓吓你经理。如果他还是对你不怀好意，你再辞职。"晓东接着说，"你如果害怕，我今晚可以陪着你，虽然不能在你身边。"

"嗯。谢谢你，晓东。"

……

校园门口几乎已经没有了人影，想必若然已经回宿舍睡着了。

8.

KTV内依旧肆意着酒气和高分贝的情歌，桌台上的酒瓶混乱着排列，狼藉的桌面好比心辰的面容，泛滥着红晕和朦胧的烟味。心辰已经分不清东南西北，她试图走出去，却摇摇晃晃。

“若然，你去照顾心辰一下，估计是要去厕所。”

若然显然也没有清醒多少，不过还是能找到门，并找对了去厕所的方向。

没有一句话，也不需要说什么。

洗手间的镜子前，两个人紧紧地缠绕在一起，黑暗的世界里没有一丝光，仿佛要将对方吞灭。

那一刹那，镜子里闪现出心辰得意的笑容，以及若然贪婪的涌动。

……

9.

若然被电话惊醒，惺惺忪忪睁开眼，原来是一涵。

“若然，谢谢你。今天早上经理看到我还退避三舍呢。”一涵明显恢复了以往的欢快，她总是错用成语，是他们三人中的开心果。

“呃，嗯，我在上课呢。下课打给你哦，一涵。”

卢一涵貌似听到了电话那头的“谁啊”，好熟悉的女声。

“嘟嘟嘟……”

10.

心辰拉着若然在街上欢乐地蹦跳，依偎在才子的肩膀上是每个女生的梦想。

在街头秀恩爱似乎已经不是什么新鲜事了，但在街头“偷情”还是有点胆大妄为呀。

若然才子自然知道人多眼杂这个道理，就抖了抖肩膀。

“林若然，你什么意思，你是怕了还是？你昨天晚上可是什么事都干得出来啊。”心辰的语气中带着一些嘲讽，更多的是得意。

“你，你烦不烦，喝酒误事，着了你的道了。”

“你他妈居然说我烦，林若然，你以为我是随便的人，你还想当作什么事都没发生？”

周围已经有行人投来了异样的目光。

“好，不要说了，我是那种人吗？别生气了，我们吃饭去。”若然主动拥着心辰，心辰也没有再说什么。

11.

餐厅里人很多，到处都是情侣充当消费者的角色。

若然似乎突然意识到什么似的，拉着心辰说：“换一家吧，这家餐厅菜不太好吃。”

“我不想走了，再说这家餐厅我是头一次来，你看人挺多的，应该是不错的。”

若然似乎有些焦躁不安了：“你一个人在这儿吃吧，我走了。”

“若然，你怎么来了？”

心辰惊呆的目光注视着眼前这位服务员，又看着这万分窘迫的大才子，咂了咂嘴对服务员说：“你不是那个卢一涵吗？你怎么在这里啊？”

“你是心辰吧，若然没有告诉你们吗，我一直在这里工作呀。”卢一涵明显有点惊讶。

心辰好像有点明白了："一涵，你是兼职吧，你可真是个优秀的女孩。"

两个重音落在了"优秀"上。

刺耳的感觉。

"没有啊，我就在这儿工作呀，若然，你怎么不说话？"一涵看着站在一边沉默不语的若然。

"他现在也不知道说啥吧，他说你是大学生呢！"心辰落在"大学生"上的重音明显比"优秀"还要刺耳。

……

12.

"一涵，我想了想我们分手吧。"

卢一涵脑中一片空白，她的心绞得很痛，感觉要窒息了："为什么，我让你很丢脸吗？"

"你不明白。"电话那头似乎已经没有昔日的柔情，"我不想伤害你。"

"你不想伤害我？林若然，难道是我伤害你了？"

"她能给我的，你不能。我不想同时伤害两个女孩。"

"所以你决定伤害我这个上不了大学的女孩？"卢一涵知道自己已经无法控制自己，她不知道怎么挽回，只能任由自己的小宇宙爆发。

"那次到底是你不想，还是不敢，还是你——不行？"林若然的语气中带了点前所未有的轻蔑。

"林若然，我看不起你。我不想再看见你。"

13.

按理说，对一个人用情至深，往往是寂静无声的。不会感到困扰，又备感温暖。在阳光照耀的日子里会如影随形，在风雨交加的日子里会护你周全。就算以后分道扬镳，想到有这样一个人出现过，就觉得那段时光可真是幸福啊。

卢一涵一直是这么想的，她深爱着林若然，她以为林若然也是深爱着她的，但是她没有想到的是，人心易变，变心和好面子是男人与生俱来的本领，是呀，她是个服务员，林若然怎么可能不在乎呢。

卢一涵此刻是绝望的，绝望与痛苦交织，痛彻心扉。

卢一涵脑海中反复地回忆刚才的一幕。

偌大的北京城彻彻底底失去了听你倾诉的人，为什么跟你在一起的三年抵不过你口中的“想、敢、行”。

为什么你可以帮我吓到经理，最后却还是不要我？

难道你是酒店的常客小王？

林若然，你简直是个虚伪的骗子。

卢一涵走在天桥上，看着桥下明灭不定的灯光，川流不息的公路上似乎没有人愿意停驻下来。

在这座城市里，自己永远是最卑微的存在。

也许，林若然，我真的配不上你。

14.

晌午的一缕阳光吹醒了梦中的卢一涵，昨天跟经理请过病假，今天不用去上班。

门外传来了敲门声，还是一份爱心餐。

已经连续很多天有人送了。

卢一涵再次问快递员是谁送的。

“一个高高瘦瘦的男生。”还是同样的回答。

高高瘦瘦？

林若然？肯定不是他。

晓东，在四川呢，应该不是。

酒店经理那死胖子肯定不是。

难道是王先生？

卢一涵也没有心情想这些，正打算出门的时候，她又接收了一份快递：一大束玫瑰花。

玫瑰花上有一张卡片：

生日快乐。愿你像这些花一样永远美丽。

——王澍

竟然忘了今天是自己生日，还记得一个月前林若然说生日那天要带她去南锣鼓巷玩，去皇家鸡排的《无字天书》上写愿望。

真是莫大的讽刺。

王先生怎么知道我的生日？肯定是人事部经理泄露了我的资料。这年头有钱什么事都能办。

15.

接连几天都有人送爱心早餐，卢一涵不知道自己已经开始慢慢走出失恋的阴影，她只知道自己的确发现生活的美好，上班也不会愁眉苦脸了。只是偶尔看着餐厅里的那些小情侣会莫名地发呆。

爱心早餐一直没有断过。

王澍也一直来餐厅吃饭，每次都邀请卢一涵吃饭或者看电影。

卢一涵都是委婉地拒绝了，不过已经没有之前的那种排斥心理了。

16.

2012年，北京的第一场雪缠绵了两天，心辰跟了艺术学院的院草，林若然成了孤家寡人。

分手以后第一次接到林若然的电话，卢一涵已经没有任何怨恨，也没有了那种奋不顾身的爱情。

“一涵，对不起，我们复合吧。”轻柔的声音，没有了一丝的骄傲。

“你跟她好好的吧。我们已经没有必要了。”

“可以一起看场电影吗？”

“我有男朋友了，不好意思。”

2012年北京刚下雪的时候，王澍向卢一涵告白。

卢一涵看着窗外的雪花，答应了王澍。

玫瑰花在大雪下竟是如此鲜艳。

17.

465天的爱心早餐，再铁石心肠的人也会感动了吧。

玫瑰花也有枯萎的一天。

一年又一百天。无法诉说的感动。

18.

“你会不会不送早餐给我吃了？”卢一涵对王澍说。

“呃，送早餐干吗，做给你吃。”没有人注意到那一沉默的停顿。

19.

明媚的霓虹灯下，躺着一束被丢弃的玫瑰花。

20.

那天晚上，卢一涵躺在床上没有睡着。

“在北京的第465天，北京下雪了，我的心也跟着凝固了。我知道我永远是站在角落里守护你的人，一涵，永远幸福。”陈晓东的最新微博。

卢一涵感觉到了什么，疯子一样地使劲往下翻。

“林若然这个畜生，居然跟卢一涵分手了，还打电话要我好好照顾她。”

“我很害怕一涵会想不通从天桥上跳下去，我在那儿一直看着她。”

……

“今天跟一涵的经理交涉过了，估计不会再骚扰一涵了。”

“我来北京了，这是一涵的城市。”

21.

卢一涵的眼泪湿润了床头的玫瑰花。

“在北京的第465天，北京下雪了，我的心也跟着凝固了。我知道我永远是站在角落里守护你的人，一涵，永远幸福。”

卢一涵没有睡着。

不要问我为什么喜欢你，我可能会告诉你，"因为你的眼睛，你的眉毛，你的头发，对的，在遇见你之前，我不知道它们还可以说话"，我真是少女心泛滥，喜欢一个人还要那么冠冕堂皇的理由。晚安。

时光过去了
你还在

1.

2009年的夏天，我推开宿舍门的一刹那，一个男生出现在我的视线里。眉毛半卷，倒锥形的脸，戴着一副与他不协调的黑色眼镜，穿着一件衬衫，活像个小老头。

我注视他两三秒，心想眼前这同学高一就长这么沧桑真是不忍直视，正准备逃离目光不让他发现我异样眼神的时候，他放下手中的书，推了下眼镜，对我说："同学，你好，我叫曹慧晶。"

猝不及防，还有他的微笑，以及他那独一无二的酒窝，浅浅的，但清晰可见。

"呃……你好，我叫居经纬。"我心里暗自祈祷他没发现我的心思，同时羞愧地让之前的偏见烟消云散。

开学的第一天，班主任拿着花名册，开启老套的自我介绍流程的时候，一不小心说了一句："下面有请第一位女同学曹慧晶上台自我介绍，大家掌声……"

话没说完，曹慧晶在哄堂大笑的背景音乐中出场，班主任也急忙为他的失误道歉。

关于曹慧晶这个名字，可能是父母希望他是个聪慧的爱情结晶吧，这倒不会成为同学长期关注的焦点，最多头一次新鲜一笑罢了；也不知道是哪一天，大家开始注意到他的猫步和兰花指，然后他就被班上最调皮的男生取了个绰号为“公公”。

“公公”简单上口，自然一下子就流传开来。班上的男女生都采用了这种叫法，除了我之外。那时的我或许心中还有初见的那个芥蒂吧，觉得自己不应该以貌取人，愧疚依旧，所以不敢造次。后来，我见大家并无恶意，曹慧晶也没有任何生气的表现，渐渐地，也开始“放肆”起来，开始“公公”长“公公”短的。

2.

当时我是个情感专家，人送“江南情圣”的称号，开学不到一个礼拜就搞定了隔壁班的班花，大家对我刮目相看。除了把妹这个绝活，我还慈悲为怀，认为自己要普度众生，经常在鸳鸯谱上自以为是地连线，然后想方设法地撮合。

在屡次碰壁后，我把目标锁定在公公身上。公公在一旁算着对数函数，我从背后拍了他一下，凑到他耳朵边，问他，你喜欢哪个女生，我给你出谋划策呀。我刚问完就后悔了，心想他一个书呆子整天只知道学习肯定不食人间烟火，再说倘若他对哪个女生心生暗恋，恐怕也不会说出来。我回过神来，赶忙对他说了声抱歉，让他继续学习。他却不折不扣地说出了两个字，顾慧，然后转身继续投入题海。

我惊讶得目瞪口呆，没想到这小子色胆包天呀，看不出来啊！

我费了九牛二虎之力，用尽十八般武艺，终于掌握了公公口中顾慧的信息：14班学委，长得漂亮乖巧，成绩优异，不是一般的优异，是名列前茅，而且是公公的初中同学。

学霸果然还是喜欢学霸呀，让我等学渣情何以堪……我发出这个感叹，立马找到我的班花女友，心虚地问她："你喜欢学习好的还是学习差的？"

"哪有人喜欢学习差的？"女友不假思索地回答。

我假装生气地说："那你就是不喜欢我喽，好伤心……"

"那你就好好学习呀，这样我就没有理由不喜欢你了。"

可能是那时候我看到女友班的帅气班长经常给女友献殷勤，自觉有点危机感，便把女友的玩笑当了真，当天晚上就拿着一本厚厚的习题集正儿八经地演算起来。

偌大个班级就我和公公两个人，那天是周六，也就是那天我才知道原来公公周末都会来班上上自习，我问了公公几道数学题，然后忍不住好奇就问他："你喜欢顾慧为什么不追呀？"

"喜欢一个人就要追吗？"

"不追也可以，起码要说出来呀，不然她怎么会知道呢。"

"说出来又有什么好处呢？既然没有好处，我为什么要说出来呢？"

我竟无言以对。

3.

让我无言以对的还有《爱情睡醒了》。那是部唐嫣主演的都市言情剧，据说是《王子变青蛙》的翻版。有次周六，我去班上自习的时候发现公公在拿着MP4看剧，屏幕上刘小贝和项天骐在星星下相拥坐在一起，十分温暖的画面。我看公公看得津津有味，就没忍心打扰他，没想到他居然邀请我与他一起看，我欣然接受，与有荣焉。

后来我跟他借了MP4，去网吧下了几部王家卫的电影。公公千叮万嘱要我好好保管MP4，我学着《旺角卡门》里的台词对他说：“因为我很了解我自己，我不能对你承诺什么。”虽说我已经比平常多一万倍地小心翼翼了，但我终究没能让MP4完璧归赵，从此一个碎屏的MP4成为了我俩封为心头之物的珍宝，好几次差点被老师发现，险象环生却又平安脱险，我们愈发珍惜它了。

高三那年，因为《宫》，我无可救药地喜欢上了杨幂，更无可救药地哼起了《爱的供养》。无奈我五音不全，每每我哼到高潮部分的时候，公公就捂住耳朵，通知左邻右舍做好安全措施，我便深情地望着公公：“我用尽一生一世来将你供养，只期盼你能给我生个娃。”公公这时就会大怒，对我大吼：“我去你大爷。”

我会说：“我大爷也是你大爷。”

无言以对。

那个时候，我已经跟我的班花女友分手了，算是一种和平的方式吧，毕竟男生被甩这事都不会轻易说出来的。

我像往常一样坐在公公旁边在演算纸上画圈，公公突然说了一句，寂寞是种清福。

我颓丧的神情好像一下子被唤醒了似的，觉得莫名其妙但却深知公公并非无的放矢，继而“破涕为笑”，回击一句：“你以为你是梁实秋呀，还清福，你干脆出家得了，省得哪天你按捺不住，干了伤天害理的勾当。”公公便盘腿而坐，双手合十，念道：“不乱于心，不困于情。不畏将来，不念过往。施主，好自为之。阿弥陀佛。”

我再次无言以对。

4.

高考过后，我们都在没日没夜地消耗着最后一个暑假，虽然末日连同分数揭晓一步一步地向我们逼近，但我们就像在牢房待久了的囚犯，终于嗅到久违的自由阳光，连一点担惊受怕的机会都吝啬起来。

我在网吧夜以继日地刷级LOL，算是到了拼命的程度，旁边的哥们儿都早已身处黄金白银段，天天嘲笑我连打排位赛的资格都没有。就在浴血奋战的关键阶段，好像是半夜两三点的时候，我接了公公的电话，从此多了个坑神的绰号。

我们在网吧附近的广场见了面，跳舞的大妈早已散了场，星辰大海也进入了梦乡。我看他心急火燎地朝我这边赶来，心中也知晓了十之七八。

“你跟顾慧表白了对不对？”没等他开口，我就劈头问他。

“不是，是她跟我表白了！”公公气喘吁吁地回答。

“那你来找我干吗，这种事你电话通知我就OK，没必要亲自来传达喜讯呀。”

在公公声情并茂地讲解以后，我终于了解了事情的来龙去脉。本应该是个你喜欢的人也喜欢你的经典桥段，没曾料想男主在收到女主告白短信后竟方寸大乱，不知如何是好。思前想后，给女主发了一条短信，内容如下：

“对于你所提的事，我心甘情愿，但生活肯定不是课程表，变化是它的根本属性。所以，剩下来的就是我们应该共同努力而为之。”

女主看到这个回复后恐怕是跟我一样无言以对，只好默默回了一句“好”，后面跟着一连串的句号。

这一连串的句号可是让公公睡不着觉，公公在床上辗转难眠，觉得自己笨拙的表达肯定让顾慧大跌眼镜，所以才有了后来半夜三更来找情感专家的故事。

其实我一直觉得公公是不适合谈恋爱的，我无法想象一个不近女色的学霸如何切换成一个对女生无微不至的男朋友。所以我只好让他顺其自然，不要胡思乱想，顾慧又不是王雅玲，自然不会成为毛喻原的“再见冬妮娅”。无论如何，起码好事一桩，理应庆祝，我没有再回网吧，而是带着公公去夜市撸串。

大学之前的记忆之所以让人铭记是因为那时岁月的速度还不快，有足够的时间去环顾。那个暑假的结束却为我们的青春点了一把火，给了时间一个加速度，差一点就抓不到了。

5.

2012玛雅人的预言没有成真，但却真真是我的世界末日。

公公如愿以偿进了复旦，跟顾慧一起为定居“魔都”而努力奋斗，而我却阴错阳差般地来到了北京，这是座喜忧参半爱恨交织的都城。接下来的日子里，公公的耳畔再也没有《爱的供养》环绕，我身边也再也没有一个叫作公公的男孩。我们的联系越来越少，公公一如既往地走学霸路，而我却在这无数人为梦想苟延残喘的都城四处浮沉。

我的普通话不是很好，我的家庭背景也不能够让我无忧无虑茫然潇洒，我有时候看着街头的车水马龙，霓虹灯下闪烁的是我的眼泪，我成了这个城市最渺小的存在。我不说话，低廉得只能靠沉默是金来抬高身价。我很确信我生病了，但却无药可医，也没有人想方设法打开缺口驻进我的世界里对症下药。我悄悄在朋友圈里写下：2012没让我们消亡，时间的荒洪却把我们推向了不同的远方。我们悄悄在各自的角落小心翼翼地成长。我孤独的时刻，无人登场。

那时候的我比现在还要矫情，没有半点男子汉的气概。

我躺在床上，看着蒋勋先生的《孤独六讲》，不觉苦笑，孤独之事，更与何人说。我想早早地睡下，这样就会很快在梦乡中忘却白天的烦恼，可在这时，手机铃响了，是公公的电话。

公公跟我谈了很多，他俨然成了我敬爱的师长，就像当年我推开宿舍门的初印象：小老头。虽说传授的都是心灵鸡汤，但却是沁人心脾。我没好意思跟他说谢谢，我不想被他说我太见外，也不想让他听到我接下来会哽咽的回答。那天晚上，我很快进入梦乡，梦里又回到高中时代，一起在自习室看《爱情睡醒了》，时不时地发出一句“我靠”，想必是看到了少儿不宜的羞涩画面。除此之外，还有他那令人过目不忘的酒窝，浅浅的，但清晰可见。

6.

2014年4月25日那天，《同桌的你》上映，电影院里无数对情侣借着缅怀同桌之名看到声泪俱下的画面时深情拥吻，我看着坐在一旁的公公调戏他：“要不咱们也试试？”

“去你大爷的。”意料之中的回答。

人们常用“翻山越岭却无心看风景”来形容异地恋的执着，而坐在我身前这位戴着眼镜的小老头却先斩后奏似的降临五道口，只为和我一起致敬那终将逝去的青春，这种感动我又该怎么诉说？那天下午我接到他的电话，他告诉我这次来北京就是为了和我一起看电影时，我再一次无言以对，记忆的时空被我翻转，我已无法列举出这是第几次他让我这个擅长花言巧语、口若悬河的情圣无言以对，肯定不是第一次，但却是迄今为止最让我想说“你要是个女的就好了”的一次。跟他在一起，我不得不怀疑并重新定义我的性取向，说起来还有点不好意思呢。

临走前，他告诉我他跟顾慧早就分手了，变化果真是生活的根本属性，变心也是人们与生俱来的本领。木讷的公公没有能挽留住“冬妮娅”，那段时间公公开始发胖，不出门，不打球，还酗酒。他没有给我打电话，他说那段时间回想起高中时候我最喜欢王家卫。所以他找来一些电影看，用以消遣他冗长压抑伤心欲绝的失恋时光。然后我最爱的王家卫就变成了他最爱的王家卫。他开始去买凤梨罐头，学做蓝莓派，考究什么叫醉生梦死，想去吴哥窟找树洞，去阿根廷看瀑布。

他跟我说这些的时候，我已经抑制不住眼角的泪花，包含着太多的愧疚，就跟初见时候一样。我默念《重庆森林》里的台词：其实了解一个人并不代表什么，今天他喜欢凤梨，明天他可以喜欢别的。这句话在嘴边打转，呼之欲出却始终没有出来。我想对他说，其实他也是可以离开我的，但是时光过去了他还在，我也会在。

他回到上海的时候又给我发了短信，说：“兄弟，我没事。都分手一年多了，所有阴影都化为乌有了，你不用为我担心。”

我看到短信，久久没有回复。所有的记忆都是潮湿的。我打开电脑，找到了那部《重庆森林》，开始第十一遍的全身心感知欣赏。

影片结束的时候，我给他回了短信。

“不知道什么时候开始，在什么东西上都会有个日期，秋刀鱼会过期，肉罐头会过期，连保鲜纸都会过期，我开始怀疑，在这个世界上，还有什么东西是不会过期的？谢谢你让我知道凡事都是有例外的，为那不过期的友情醉生梦死一回。干杯！”

突然想把生活过得目光短浅些，只做自己目前想做的事，而不去铺垫未来。只愿蓬勃生活在此时此刻，无所谓去哪儿，无所谓见谁。晚安。

我不能悲伤地坐在你旁边

我想我本可以跟路凡走到永远的，然而事与愿违，我跟他分手了。

我更没有想到的是，有一天，是我向路凡提出了分手。

我跟路凡相识在一次不可抗力的相遇中，我参加我朋友的生日聚会，在KTV中我看到了路凡，那时候的他跟现在别无二致，是我这辈子见过最高冷的人。

朋友将路凡介绍给我，说他是学校有名的才子，他只是僵硬地微笑了一下，并没有表现出有朋自远方来不亦乐乎的礼节。我这人生来羞涩，自然不会主动示好，但不知什么原因，那天我奇迹般地伸出了右手，路凡学长，很早就听说过你了，原来近距离观察比远处匆匆背影还要帅。

路凡显然有点出乎意料，啊，谢谢。

好在有朋友解围，路凡大才子呀，今天我是主角，你不要抢我风头呀，那谁，刘依依，犯花痴回宿舍再犯哈！

我俩不约而同地笑了，那是我第一次见他笑得那么自然，后来也少之又少，他似乎真的不爱笑。

那之后，第二次见到路凡，是在学校附近的咖啡厅。

值得一提的是，是他主动跟我打的招呼。

那时我忙着看菜单，低着头在想到底哪个咖啡甜而不腻。

听见有人在叫我的时候，我刚想好要点卡布奇诺，但很快我改变了想法，我把问题抛给了他。

“路凡学长，你说，什么样的咖啡甜而不腻呢？”

路凡略有所思：“那什么样的恋爱才能甜而不腻呢？”

我顿时怔住了，难道他已经发现了我的小心思，想旁敲侧击让我放弃。

我说：“学长，我觉得吧，跟合适的人在一起才能甜而不腻，但是到底怎样的人才能合适呢？实践出真知，你必须试一试。”

路凡睁大眼睛看着我，说：“没想到你懂的真多，是不是有很多实战经验？”

“我，我没有，学长，我真的没有。”

我的急促否认差点出卖了自己，我不想让眼前这位我心仪的学长对我有任何的误解。但是，弄巧成拙，路凡说：“每个人都会有那么一点过去的，又不是什么坏事，你没喝过其他咖啡，怎么知道你最爱喝的是卡布奇诺？”

那天，我觉得路凡说话有点怪怪的，他好像有所指，但却没有想跟我倾诉的欲望，可能他还觉得我只是他众多学妹中的一个，并没有什么特别之处。我看得出来，路凡是个心事极重的人，用一句歌词来说，就是他才不是一个没有故事的男同学。

虽说我对路凡由仰慕升级到有欲望的喜欢，但我还是没有鼓起勇气告诉他，我也不会主动去找他，除了等待跟他的下一次偶遇，我实在想不出比这更好的办法来。

后来，我才知道，相遇是件可遇而不可求的事，我很想再见到他，但他一直没有出现在我眼前。他仿佛从学校消失了一般。

等了差不多一个礼拜后，我实在忍不住想要见他，我跟朋友要来他的手机号码，给他发了短信："路凡学长，我是依依，你有时间帮我辅导下高等数学吗？我请你吃饭喝咖啡看电影呀。"

路凡很快回复短信："好呀，不过要等我回学校。"

"啊，你在哪儿？"

"内蒙古，我出来散散心。"

"学长，你怎么了？"

"买不到卡布奇诺了。"

"什么？！"

路凡没有再回复。

我觉得路凡是失恋了。

为了证实我的猜想，我只好打电话给那朋友。

朋友有点吃惊地说："你难道不知道路凡被他前女友给甩了吗？"

"啊，我真不知道。怎么回事呀？"

"我也不太清楚，就是一开始他前女友追的他，后来又把他甩了。"

"因为什么呀？"

"不知道，你自己去问他呀。"

"啊，我怎么问，他前女友谁呀？"

"外院有名的女神——董婉琳呀，你难道不知道吗？"

"原来是她，我还真不知道。"我在心里默念，路凡跟她真是郎才女貌，看着就挺养眼呀。

知道路凡前女友是外院女神这件事后，我心里其实很难过，我想以自己的条件根本就配不上路凡。俗话说，水涨船高，以路凡的眼光怎么会看上我，除非他把标准降低一个档次。

人与人比较其实挺伤自尊的，在旁人看来，我长相颇好，家境也不错，但在董婉琳面前，我就黯然失色了，这点自知之明，我还是有的，毕竟我可没有出名到全校皆知。

路凡回校以后，心情变好了很多，他给我带回来了正宗的内蒙古牛肉干，虽说是我主动跟他提及的，但他毕竟记挂在心上，我着实很开心。

我邀请他一起饭后散步，他问去哪儿。

我说北航，他说不去。我不解，问他为什么。他说北航是跟前任经常去的地方，不想跟其他人去。

我说那去北科好了，还近点。他没有拒绝。

其实选择去其他学校散步，并不是那边的环境好些，只是为了增加一来一回的时间，多些相处的机会。路凡话真的很少，全程都是我在讲话，我讲了学校一些好玩的事，还把宿舍中发生的一些趣事告诉了他，他只是笑了笑，没有任何攀谈的意思。没办法，我只能问他关于内蒙古的事，这样他没办法不回答。

路凡用几个字概括了内蒙古：全都是草呀。

之后，我们就不再说话，就绕着北科的主马路一直转着。

周围有很多情侣走过，我好几次想触碰路凡的手，但我时刻提醒自己，我是个女生，不能这么主动，万一被拒绝了怎么办。

路凡走路很快，我几乎用慢跑的速度才能跟上。后来我跟不上了，我说："学长，你走路真快，我走不动了。"

"啊，对不起呀，我习惯这样了。"他还自言自语嘀咕了一句，"好像只有她能追上我的步伐。"

我装作没有听见，说："学长我们找个地方坐一会儿吧。"

趁休息的时候，我问了他几个问题。

“假如明知道会受到伤害，但还是想去尝试一下，这该怎么办？”

“你看过《东邪西毒》吗？”

“嗯？看过。”

“里面有句台词是这样说的：每个人都会经过这个阶段，见到一座山，就想知道山后面是什么。我很想告诉他，可能翻过山后面，你会发现没什么特别。”

“你知道吗，我从小就喜欢尝试不同的东西，就拿吃来说吧，我喜欢尝试吃我没有吃过的东西，如果不好吃，我会吃一口扔掉。”

“你太浪费了，我跟你不一样，我喜欢吃我一直爱吃的东西。”

“你一开始也不知道你自己爱吃什么呀，还不是要尝试一下。”

路凡没有继续说下去，他说时间不早了，他该回去了。

我跟上去，又问他：“你相信念念不忘，必有回响吗？”

路凡停住了脚步，回头看了我一眼：“你知道了。”

我不好意思地点了点头。

那之后几天，我没有再联系路凡，他也没有联系我，但是再见到他的时候，我们已经坐在了一起。

不过，不是真的在一起，而是我们意外地被同学拉来拍个微电影。

我们演了男女主角。

路凡见到我的时候，有些惊讶，他说，不要告诉我你是那个女主角。

“嗯，你猜对了。”我说。

后来我听导演说，这剧本是路凡自己写的，一个月前就写完了，当时他答应写剧本的前提就是要让他跟董婉琳一起出演，但后来计划赶不上变化，他就没再管女主角的事。

我问导演：“所以这个故事是非常浪漫的喽？”

导演点了点头。

“那有亲密戏吗？”

“有一段吻戏。不过路凡刚才交代说删了，改成留白，他说最美美不过想象。”

啊，简直失望！我在心里气得要跟路凡理论，不是要有职业素养嘛，怎么能说删就删。

拍微电影前前后后用了整整一周时间，我当了路凡为期一周的女朋友，倘若知乎上问我这辈子最难忘的体验是什么，我肯定毫不羞耻地把这段经历写上去，估摸着会有千万级赞吧。

电影拍完后，我跟路凡又去了北科，那天快要离开的时候，我没有忍住，一把从身后抱住了他。

路凡想要挣开，但我不想放手。

路凡说：“你假戏真做了？电影已经杀青了。”

我说：“你如果一点也不喜欢我，你还跟我说这么多干吗？”

路凡说：“我真的不想伤害你，你知道的，我心里还有一个人。”

我说：“我不介意，我跟你一起忘掉她，从今以后，你就会发现，你心里属于她的位置慢慢就变成我的了。”

路凡说：“好吧。”

路凡并没有把我们在一起的消息告诉身边的人，他说这段时间我们还是不要太过亲密，先来一个月试验期吧。

那时候我真的什么都不在乎，成为路凡的女朋友已经是板上钉钉的事，根本就不介意这个所谓的试验期。

在一个月试验期内，我每天去自习室找路凡，我坐在他旁边刷着微博，时不时给他看一些搞笑的段子。路凡说自习的时候不要打扰他，不然他就不让我坐在他旁边了，我这才安分起来，老老实实坐在他旁边做些高数题。

路凡的数学很好，后来我回忆，我高数线代之所以能取得那么好的成绩，完全是他的功劳。他这人自带当人生导师的癖好，你不学习他还不乐意，没办法，我就是喜欢他霸道总裁的模样。

一个月试验期没过，我就跟路凡牵手了，那是在晚自习下课，校园里除了情侣恋恋不舍，已然没有几个人，大多回宿舍了。

路凡看了看我，眼神里的感情很复杂，然后就说要不要牵手。

我恬不知耻地说了句“要”，然后如愿以偿。

路凡很少在白天跟我牵手，我知道他在害怕什么，他害怕我们的事情被董婉琳知道，害怕他变成薄情寡义之人。

那时候的我根本就想不到自己，其实在整个事件中，最受伤害的是我，但是那个时候我还认为路凡有自己的苦衷，我不能变本加厉——我不敢奢望太多。

但是后来我的奢望越来越多，他给得越多，我想要的就会越多。

人哪是一个轻易满足的物种。

我们在一起两个月后，我开始质问路凡到底爱不爱我。我们在一起两个多月，路凡从来没有带我进入他的朋友圈，而且他也不想认识我的舍友以及闺蜜。他总是一副振振有词的样子，恋爱是两个人的事情，他不想因为别人的三言两语而影响我们的发展。

路凡对我的质问根本置之不理，他从来不会正面回答我的问题，甚至有的时候他会选择无视。

我问他：“我们这属于地下情吗？”

他说：“那我们这地下情保密措施做得好失败，你看我们一些共同朋友都知道呀。”

“那你在外人看来还是单身呀，你制造单身的假象究竟是为了什么？你如果不喜欢我，你就跟我说，我不会纠缠你的！”

“你到底想要什么，我之前就告诉过你翻过山并没有什么特别，我就是这么个人，我不会做些甜蜜的事，也许我已经丧失爱一个人的能力了！”

“不是的，你没有丧失爱一个人的能力，你只是没有遇到对的人而已。”

“我真的不想解释什么，我从来就不想伤害你，但我尊重你的决定和选择！”

我并没有跟路凡提出分手，我一直在苟延残喘着，他对我仅存的善意支撑着我爱情的信念，有的时候我能透过它看到很远的未来。

不得不承认，我喜欢他的事实不具备任何力量。

他不喜欢我的事实却是杀伤力巨大。

但是我没有证据证明他一点也不喜欢我，我只能自欺欺人，他是喜欢我的。

慢慢地他开始选择以忙为由减少跟我的见面，他说他不想沉浸在耳鬓厮磨中，在无比辉煌的未来面前，爱情必须让步。

我反问他：“你的未来里有我吗？”

路凡没有回答。

我知道继续问下去只会自取其辱，但是我当时快要崩溃了，我忍不住大声喊道：“路凡，你真的很自私。”

路凡说：“是呀，我很自私，你又何尝不是，你的欲望越来越膨胀了，我快满足不了你了。”

“路凡，你真的有一天履行过你当男朋友的义务吗？我不想揭穿你，你只是想找个人陪伴你而已，你根本就没放下她。”

路凡被我激怒了："我们的事关她什么事，不要在我面前提她，我想一个人静静。"

那之后，整个假期路凡都没有主动联系过我。

但我还是联系了他，在每个深夜，我给他发微信，然后撤销，说了很多想对他说的话，但是没有勇气让他看见。

我不知道他有没有看到那些微信，但他肯定知道我深夜里在跟他的对话框里自言自语。

他很少回复，最多发个问号，或者干脆不理不睬。

新学期开始的时候，路凡还是没有主动约我见面，有时候我在食堂或者马路上看到他，他都好像没有看到我似的，他再也不是我熟悉的路凡了——或许我从来没有走进他的内心，他把自己包得严严实实，我并没有获得豁免权。

我开始学会逞强，我不能任意被他践踏自尊。

我们在食堂撞见的时候，他勉为其难地跟我打招呼，我装作没看见径直从他身旁走开了，我看出来他表情无奈地转化，他不知道的是，他走开的时候，我回头看他的背影，坚决无情。我莫名地想哭。

他也开始给我发短信说："如果你不适应两个人各忙各的话，我们可以周末一起自习呀，也可以抽空去看电影吃饭。"

"不用呀，我已经习惯一个人自习了。再说了你不是很忙吗，我不能打扰你，你看我现在是不是特别懂事呀？"

我的语气带着嘲讽，不知道是对他的还是对我自己的。他什么都没说，发了个笑脸给我，我知道那是胜利者对失败者的嘲笑。路凡，你知不知道自己是个渣，而且还自以为是地认为自己有多善良。

我还是没有骨气，虽然他很渣，但是我还是很想他。

国庆前，我还是给他打过去电话，我说："路凡，你还有本书在我这儿呢，我要回家了，我现在想还给你。"

"那本书送你了！"

"我不要，我不想看到它。"

"我现在跟同学在夜跑，可以改天吗？"

"不可以，就现在，我在你宿舍楼下等你！"

路凡见我的时候穿着短裤和短袖，满头大汗，他果真是在夜跑，看来并没有骗我。

我把书递给他的时候，他说了声谢谢，我们俩站在那儿一点也不像情侣的样子。

"路凡，我们现在到底什么关系呀？为什么会这么尴尬？"

"你现在看到我会尴尬吗？你不是在有意识地回避我吗？"

"那是我已经无法再说服自己主动了，我不想热脸贴你的冷屁股。路凡，我觉得我们这样挺好的，彼此不打扰的状态。我记得你之前跟我说过你想要的一种恋爱状态是绝对自由、相对占有，现在我给你了，你还有什么不满意的！"

"我没有不满意呀，我觉得挺好的，不过你为什么这么着急还书呢？你是来跟我告别的吗？"

"你真的很想我跟你告别吗？"

"没有呀，我只是一直在尊重你的选择！"

"路凡，书里面有张明信片，你看了随意处置。"

"好的，我先跑步去了，我哥们儿还在那儿等着我呢。"

书里的明信片是七夕我在厦门写给他的，但一直没有寄出去。当时我还没有如此绝望，写那张明信片的时候，我在鼓浪屿，虽然当时我们还在冷战，但是我对未来还是充满期待的。那时候唯一遗憾的是，就像《春光乍泄》里面讲的，看着大海的时候，我很难过，因为我觉得应该是两个人站在那儿。我把我的心情与期待全部写下来，句句都是深情，浓浓爱意溢于言表。我想这张明信片是我最后一根救命稻草，如果路凡看完还是无动于衷的话，我想是时候和过去的自己诀别了。

算好他跑完步回来的时间，我给他发过去短信，说："如果你觉得好笑，就把它扔了，但请不要给别人看。"

路凡没有回短信来。

那天我坐在床头一直等他的短信，过了零点的时候，他终于回复来两个字："晚安。"

眼泪夺眶而出，我终于逞强不起来了。

那天我还是在跟路凡微信的对话框里自言自语起来。

从凌晨一点说到凌晨三点。

撤销，撤销，再撤销，只留下一段，他肯定可以看到：

每次感到冷漠一次，我就少做一件爱你的事，直到最后备注改成全名、取消特别关注、上线不主动找你、收起你送的东西、删掉你所有的照片、再也不偷偷看你的时候，就是该说再见的时候了。多年后你会不会记得，曾经有一人很努力地爱过你。失望是一天天积累的，离开是很长时间的决定。

我在微信里回忆了我们几个月的爱情点滴，即便是少得可怜，我也拼命地收集了起来，它不比任何一部爱情电影来得感人，但是可笑的是，见证人只有我一个——而且我被我自己感动了。

而关于分手的字眼我始终不敢提及。

我再次把希望寄托给最后一根煽情的稻草。

他醒来的时候给我回了微信，还是那句话："你是来跟我告别的吗？"

我对着屏幕苦笑道，回了句："是呀，你猜对了。"

那我应该说些什么呢？我一直不明白为什么会这样。我没有劈腿，也没有喜欢上别人，说实话，我真的很累了，我没有时间去满足你所谓的安全感，安全感是自己给的，在别人身上获得的，那是虚无，是自欺欺人，是镜花水月。我已经很迁就你了，我不能改变我整个自己来适应你。

我求你不要再说了。如果有一天我忍不住问你，你有没有喜欢过我，请你一定要骗我，无论你心里有多么不情愿，也请你一定要说，你那个时候的的确确爱过我。

你现在不要说话，我怕我还是下不了决心离开你。有一种人喜欢自虐，不到遍体鳞伤不罢休，不到体无完肤不死心，我就是这种人，我以后再也不会成为这种人，谢谢你让我成长。

"那还可以做朋友吗？"

"对不起，跟你我做不成朋友。"

"对不起，我真的不想伤害你。"

"你伤害得还嫌少吗？"

"我想换种方式弥补你，所以我们真的不能做回朋友吗？"

"不能，我就是想要让你亏欠我。"

路凡没有继续跟我说下去，后来，他给我发来短信，承认了他的“不作为”，他说他很难过，分开也许是我们最好的结局。

我有权利赢他一回，我把他拉进了黑名单。

道理都是这么血淋淋总结出来的，希望下不为例。

有人爱屋及乌吃力讨好你的放肆，你并不在意，甚至有恃无恐。这对你来说并不是一件好事，你可能不知道当他（她）选择离开你的时候，你也会被反噬得体无完肤。亏欠，是这场惨烈讨伐后的唯一幸存。

遇见是浑然天成的交集，错过多可惜。当我看见星辰，看见你的眼睛，长久这条路，我想走一生。

晚安。

愿所有的爱，不负等待

刘瑜在《送你一颗子弹》里讲到，男人按长相可以分为以下几个档次：丧权辱国；闭关自守；韬光养晦；为国争光；精忠报国。

按刘瑜的分法，不偏袒、不加同情分的话，可乐应该属于韬光养晦型的，也算对得起社会和祖国。

可乐是我的大学同学，原名不详，大家都喜欢叫他可乐，原因是他一开学就给全班所有男生每人发了一罐可乐。我们班男生分布在四个宿舍，刚开学大家还都不认识，可乐跑到隔壁几个宿舍送可乐的时候，大家还以为是碰到兼职发传单扫码送饮料的，也都没当回事，后来刚好被一认识可乐的同学提醒才反应过来："哦，可乐同学，谢谢哈。"可乐的名字由此得来。

后来大家发现，可乐还真对可乐情有独钟，每天课前饭后都要买上一瓶可乐，我们说："你能不能换个雪碧橙汁啥的，也不能天天喝可乐呀。可乐对身体不好。"

"可乐杀精。"学渣男吓唬他。

可乐毫不在意，说："没事，我坚信我会永远生猛下去。"

"学渣男，人家可乐有资本喝，你就别为人家操心了，你还是多吃大腰子哈。”

说完，我就去逃命了。

可乐有个习惯，每天饭后睡前都要打一通电话，平均每天要打四通电话（保守估计）。

“可乐呀，你跟谁天天打电话呀？”我们问他。

“我女朋友。”

“你有女朋友？”我们惊讶。

“对呀，高中就有了，后来我来到了北京，她留在了四川。”

“唉，又是异地恋。”我叹了一口气。

我对异地恋一向不看好，我觉得异地恋应该是两个高手之间的对决，像我们这类无名鼠辈的小兵小将就不要玩了，除了每天煲煲电话粥，其他心有余而力不足，最后的下场还不是不了了之。

在我看来，可乐也不是什么高手，顶多算个青铜级别的入门选手而已。

我问过可乐：“你每天这样打电话，有意思吗？”

可乐说：“有时候有意思，有时候没意思，后来已经习惯了，我觉得挺好的。”

我没再说什么，毕竟不是当事人，没什么发言权。

可乐的女友叫张静，大一暑假的时候，她来过北京。

张静给我们的第一印象就是正宗川味，娇小水嫩，带酸辣。

跟我们一起吃饭的时候，我们舍友几个问张静：“嫂子，能不能喝酒？”

张静看了看可乐，说：“一般不喝酒哎。”

我们对可乐说："难得嫂子来趟北京，你还不让她喝酒，这可不对呀，我听说川妹子可能喝了。"

可乐说："能喝是能喝，可是喝酒误事。"

我们齐问："什么事？"

可乐一看我们这表情，连忙给我们倒满酒："收回你们肮脏的思想，干了这杯。"

张静也不甘示弱，开启了酒霸模式。

那天我们都喝多了，可乐走路也晃晃悠悠的，倒是张静像是喝了几瓶白开水一样，神情自若地走在大街上。

我们喝得醉醺醺的，但大是大非还看得出来，我们异口同声对张静说："嫂子牛逼。"

"嫂子我跟你打个小报告，可乐这小子最近有人追哦，你可要当心了。"

张静说："也就本美女眼瞎看上他，其他人看上他，肯定没我好看。"

"嫂子英明。不过，嫂子，我还有一事相奏。"

"什么事？他出轨了？"

"这倒没有，不过也差不多了。他每天喝可乐，一天要喝好几瓶，这毛病你们在一起就有了？"

张静听完没说话，沉默片刻，叫住可乐："给我站住。"

可乐瞬间清醒："怎么了？"

"给我抱抱！"

我去，当街秀恩爱，人人喊打！

后来张静告诉我们，原来他俩上高中的时候，可乐每次在球场打球，张静都会买可乐送给他，这一送就送了整个高中岁月，直到毕业，再也送不了了。

可乐说，他其实一开始很不喜欢可乐的味道，喝多了也就习惯了。这就跟谈恋爱一样，你一开始可能觉得异地恋处处是问题，但是时间长了，你就会觉得挺好的。习惯一旦养成，就会看见美好。

我听得热泪盈眶，感动得稀里糊涂。我说，异地恋是要两人共同努力维系的，以前我也有过，但我中途放弃了，一方面我对自己没把握，另一方面我对对方也没把握，后来我就闻异地丧胆，直呼不约不约。

张静对我说："这是病，得治，你是没遇到那个让你不顾一切甘愿寂寞的人。"

可乐接茬，继续损我："最主要还是他太花，哪像我这么专一。"

得了，你们妇唱夫随，我也不自讨没趣了。

张静在北京没待几天就走了，她和可乐又开始了一如既往的电话爱情。

我对舍友说，中国移动每年得办个异地恋活动，比赛哪对情侣打电话时间最长。

舍友哈哈大笑，说，非可乐莫属。

可乐一听不乐意了，电话费你们帮我报销啊。

我说，找中国移动去。我用的是中国电信！

后来我仔细听过他跟张静的聊天内容，虽然他们说的是四川话，但幸好我有南方方言基础，也能听出个八九不离十。

"你心情不好呀，我心情可好了，你说出来，让我乐呵乐呵。"

"那哥们儿有我帅吗？有我帅那有我高吗？有我高那我有我富吗？不对，我不富，但是我有你呀，他没有。"

“我觉得我们将来生小孩呀，外貌遗传你，幽默遗传我，那就十全十美了，千万不要搞反了，搞反了还要老爸教他怎样讨女孩子欢心，不好不好。”

……

可乐就这样卖萌耍贱，把张静哄得乐滋滋的，直到张静说困了，可乐才结束工作。

我说：“可乐你累不累呀？”

可乐说：“不累呀。”

我说：“我真觉得你家张静整天没事做，才不停打电话给你消磨时间，你得给她找事做。”

可乐说：“你说得很有道理，不过她好像真没什么可干的，她们大学课程特别轻松，一天就两节课。”

我说：“那你也不能太由着她呀，我们专业课程挺多的，你每天跟她唠完，还要熬夜补作业，这又是何必呢？我觉得你得跟她说一下，不然她不知道你的处境。”

可乐说：“不用，我能应付得过来。”

到了大三的时候，我们课程达到了爆棚的程度，每天忙得不可开交。

而同是大三的张静却闲得像是个退休老人，每天给可乐的电话一个接着一个。

可乐也是纵容她，来一个接一个，一边接着电话，一边在电脑前做着电路仿真。

但一心不可二用，可乐也没精力像之前那样逗张静开心，就简单地说几句保持对话的正常进行。

这女人可是最敏感的，张静一听就觉得可乐在搪塞她，扔下一句不打扰你了，就把电话给挂了。

可乐这下就乱了，他知道异地恋已经缺少拥抱、牵手的温暖，倘若要是承认错误都不及时的话，那可要问题越来越严重化了。

可乐给张静打过去电话，说："静静，最近特别忙，本来想跟你说的，但怕跟你说了，你就不会打电话给我了。我知道你一个人挺无聊的，所以我想陪你说说话也算一种陪伴吧，但最近太忙了，刚刚就一边做着课程设计一边跟你讲电话呢。"

张静也不是不通情达理的人，她听完可乐的肺腑坦白，也不生气了，说："你这几天好好学习，我就不给你打电话了，你每天忙完有空的话就给我打，不要担心我没人陪，我可以跟舍友去上自习的。"

大三在忙碌中过完了，大四一开始，大家也就为自己的前程奔波劳碌了。

宿舍里整天看不到人影，有的泡在自习室准备考研，有的每天西装革履地去实习，有的直接收拾行李准备回家继承家产了。

唯独可乐每天在宿舍闷闷不乐。

一开始大家每天晚上回来都疲惫不堪，也都没在意这事，直到有一天，宿舍考研党回来看见可乐在阳台上抽烟，地上烟头一大堆，这事才被我们知晓。

晚上我们回来的时候，宿舍开了座谈会，大家让可乐把事情说出来，大家一起商量。

不出我所料，可乐告诉我们，张静要跟他分手。

"为什么分手呀？"我们异口同声。

可乐说："张静觉得这样下去会耽误我，她说她只能待在四川，来北京压力太大。"

当时的可乐已经被北京一家公司给签了，薪酬待遇方面都很不错。

可乐说："我想去四川陪她，但是我又不想放弃北京现有的一切。假如我现在扔下一切去四川找她，也不一定能找到这么好的工作，对于我俩的未来也不一定是好事。"

这个问题是够棘手的，我们束手无策，大家都七零八落地说了几句，但谁也没有提出建设性的建议。

最后可乐当机立断说："算了，分手吧，也是给我俩的一个考验，我也想证明一下我对她是足够爱还是一种习惯。"

我们都举双手赞同。

其实一路过来，我觉得可乐为张静付出太多，可乐做这样的决定可能对张静不公平，但爱情本来就不公平，它不会一帆风顺，生活中的坎必须得跨过去，八十一难修完，才能取到真经。

毕业后，我跟可乐很少见面，但联系却未中断。

一天，我接到他的电话，说是要我帮他照看他家狗一段时间，他请了一周假，回四川一趟。

他的狗叫橙汁，一只公狗起这么个名字，真是奇怪。

我也没问他回四川干吗，反正自己家也养了一只母狗，我就答应了下来。

一周后可乐回来找我接狗，我问他你回四川干吗呀。

可乐说："秘密，以后告诉你。"

"还秘密，是不是张静结婚了，给你发请帖了？"

可乐说："要结婚也是跟我结婚呀。"

我说："你还没忘掉她呀，估计她都交新男友了，你俩分了都快一年了。"

可乐说："有了就再追回来呗。"

我说："你这辈子就吊死在这棵树上了。对了，可乐，你这狗为啥叫橙汁？"

可乐说："秘密，你猜。"

我说："猜你大爷，赶快把你家狗抱走，这几天俩狗在一块天天叫个不停，吵死我了，觉都没睡好。"

有天，我接到一个陌生的电话，是张静打来的。

张静说她决定要来北京找可乐，她让我帮他俩安排一场见面，但不要让可乐提前知道。

我欣然同意。我打电话给可乐，说下周五晚上请他吃牛排。

可乐一听，说："下周五我就不在北京了。"

我一听，心想这该如何是好，这两人一点默契也没有。

我问可乐要去哪儿。

可乐这才把之前的秘密告诉我。

可乐上次回四川原来是去一家国企面试，在北京工作的一年里，他一有时间就会联系四川那边的公司，想着哪一天顺利跳槽过去，这样他跟张静也能重逢。

可乐告诉我，那边公司前几天打来电话，告诉他之前的面试通过了，下周就可以过去办入职手续。

我说："可乐你可以呀，就把我一人撇在北京了，真是重色轻友。这事要不要告诉张静呀？"

可乐说："暂时不要告诉她，我想给她一个惊喜。"

我说："你们真的是好有默契，其实张静前几天给我打电话，她要来北京找你了。她还让我请你吃饭，然后她突然出现。可乐呀可乐，现在该如何是好呢？”

可乐说：“要不我跟公司那边说下，晚几天去入职，你们的计划不变，我当作什么都不知道。”

我说：“万一张静跟你一样，也要跳槽到北京了呢，你们这样交换地点工作，真的是心有灵犀一点通呀。”

可乐说：“没关系，我这边还没递交辞职申请，她想留北京，我就待在北京；她要回四川，我就陪她去四川。”

我说：“还是北京好呀。我家公主需要你家橙汁呀。”

那天周五晚上，张静按照我的指示来到我跟可乐事先安排的餐厅。

我收到张静的短信，她到目的地了。

我跟可乐说：“你的神秘嘉宾到了，我该去上厕所了。”

张静出现在可乐面前的时候，可乐有点惊讶。

张静说：“可乐，对不起，我来晚了。”

可乐说：“有什么好对不起的，我来吃牛排的。”

张静说：“我知道你恨我，但是我这次来北京就不想回去了，我想留下来陪你。以后再大的风雨我也不会离开你了。”

可乐说：“你该不会辞职了吧？你真傻。”

张静说：“我在北京找到新工作了，我不傻。”

可乐说：“把手伸出来。”

张静说：“你要干吗？”

可乐说：“求婚呀。”

我出来见证他们浪漫一刻的时候，张静终于缓过神来，说我出卖了她。

我说：“其实……”

可乐打住了我的话，可乐说：“其实这枚戒指我放在身上很长时间了，我一直觉得在我们重逢那天，我要将它戴到你手上。”

张静泣不成声，像个泪人。

后来我问可乐要不要把真相告诉张静："你不告诉她对你不公平，你也默默为她做了很多。"

可乐说："既然结局是好的，何必在意谁付出多少呢。"

后来我再也没有提过此事。倒是有天，张静给我打电话，问我可乐是不是先前准备去四川工作的。

想到可乐要我保守秘密，我只好说："怎么会问我这个呀？我不太清楚。"

张静说，她在抽屉里看到一个本子，上面密密麻麻全是成都的一些国企外企名单，画满了钩钩叉叉。

张静说到这儿的时候，我终于没忍住，把事情的真相全部告诉了她。

我说，可乐不希望你知道这件事情，他不想因为这件事让你更加觉得在这份爱情里你亏欠他太多。可乐告诉我，这世间最好的结局就是有情人终成眷属，既然能在一起，就无须计较孰是孰非，也无须计较付出多少。

张静听完沉默了好久，最后哽咽着跟我说了再见，挂了电话。

可乐跟张静在北京一起团聚后，有时候他们也会邀请我去他们家吃饭。

有次我去吃饭，刚进门，我就东张西望，说："可乐，你家那橙汁呢？我家公主想死它了呀。"

张静听到，说话了："你家公主谁呀，你女朋友呀，她认识我？"

我笑着说："我家公主呀，是我养的一只母狗，想你家那橙汁了。"

张静皱起眉头说："想我？"

我说："不是，想你家那条金毛狗了。"

张静说："金毛狗叫雪碧呀。不对，你刚才说橙汁。可乐，你给我出来，这狗以前叫橙汁吗？"

我说：“是呀，这狗一直叫橙汁来着，还跟我家公主睡过一段时间呢。”

可乐慢悠悠地从厨房里出来，稍息立正等待张静发落。

原来在上高中的时候，张静每次给可乐送可乐的时候，都会给自己买瓶橙汁。后来，可乐成了可乐，张静成了橙汁。

张静不在可乐身边的日子，可乐干脆养了一条狗，取名橙汁，寄托相思之苦，一些想对张静说的话可乐都会对着橙汁说。

张静第一次看到橙汁的时候问可乐：“这金毛叫什么名字呀？”

“叫雪碧，可乐橙汁雪碧，一家三口终于团圆了。”可乐说。

《卡萨布兰卡》里说，世界上有那么多城镇，城镇中有那么多酒馆，她却走进了我的。所有的相逢和陪伴原来都是小概率事件，可珍惜却成为终生的课题。你要珍惜我呀，不然这门课不及格哟。晚安。

Part TWO

我认识的那些姑娘

恋爱时，哪一瞬间让你怦然心动？——初恋时分的纯挚之爱、有缘无分的暧昧之情、毫无预兆的偶然邂逅……每一次你都以为这是你的最爱，再不会爱了，后来，你又爱了，每一次都是如此真挚。晚安！

我的
吃货女友

1.

我是怎么跟陈潇走到现在的，我自己都不知道，甚至回想起来，自己都会吓一跳。

我跟陈潇完全属于两个世界的人，她喜欢享受生活中每个不经意的瞬间，从来不替未来着想。大学三年，她早已把五道口附近各式各样的美食吃了个遍。跟她出去吃饭，她会习惯性地掏出一大堆会员卡，然后开始罗列那些她心心念念的餐厅名字以及大多让我无法对号入座的食物名称。

而我有着自己日复一日的梦想与追求，爱情和食物在我眼里从来都不会显得那么重要。

但是，她在潜移默化地改变着我，我自己都不知道。

爱情真是件可怕的事儿。

看着她的体重夜以继日地往上增，我也顾不上琢磨恰当的语气，直截了当地告诉她："陈潇，你这个死胖子，不要得寸进尺哟，别一天到晚就知道吃。"

陈潇的语气没有半点生气，她说："吃你家大米了？你就说我，哦，不对，我将来是要喝你家粥的。"

我真是拿她没办法，但一开始却不是这样子的。

2.

认识陈潇是因为部门活动，那天部门在一起吃饭的时候，突然间门口站着一个长相稚嫩的女生，后来她入座后做自我介绍，我才知道她的名字叫陈潇。我对她第一印象没什么好感，简而言之就是身高不够，颜值也不够，只能靠一脸婴儿肥来凑。而且我是个特别讨厌在时间观念上不准时的人——第一次部门聚餐，她就迟到，这样的人，我丝毫没有任何兴趣结识。

最关键的是，当时我有个很爱的女朋友，即便遇到什么特别中意的女孩，我也不会造次，更别说一个在我看来浑身上下都是缺点的小孩了。所以在认识她一年以内，我们都没有什么交集，甚至都没怎么说过话。

当然这一年内也发生了其他的事，比如我跟女朋友分手。

分手得不够和平，搞得人尽皆知，每个认识我们的人都知道我被她甩了，这其中也包括陈潇。

那阵子我心情不好，有次部门开会讨论活动的方案，讨论了十几分钟无果的时候，陈潇突然出现在会议室门口，脸上愧疚的表情一览无余，我没给她好脸色，劈头骂道：“下次你迟到就可以滚蛋了。”

陈潇没有摔门离去，而是默默找了个空位坐下来。

我看她低着头，分明是不想让周围的人看到她快要夺眶而出的眼泪，我心中的怒火也就平息了许多。

那次会议最终也没有确定活动的方案，我让部门每个人回去都做个策划案发给我，然后宣布会议到此结束。大家都哀声载道地离开了，唯独陈潇坐在那儿纹丝不动。

还没等我开口，陈潇就没好气地教训我：“你不能把个人情绪带到工作上来！”

“我怎么了，你迟到还有理了！”我愈发生气了。

“我只是觉得失个恋没什么大不了的，你不要搞得所有人都欠你似的。”

我当时就想骂她一句“关你屁事”，但我看她说得振振有词，并非强词夺理，考虑到不能因为逞一时之能而影响部门成员之间的和谐关系，顿了顿对她说：“你的建议我会考虑的，你可以回去了。”

她并没有直接离开会议室，而是在我手旁边放了一张纸条。我刚想问她写着什么的时候，她已经走出门外。

打开纸条一看，上面写着一行字：倘若你心情不好，我可以带你去吃好吃的。我以前就是这么被治愈的。

我心想我们之间很熟吗，然后把纸条扔进垃圾桶，但第二天晚上的时候，我给她打电话，问她在哪儿，让她带我去领略美食。

从那个时候我才知道她是个生性活泼的女孩，她乐观向上，好像在她身上从来没有隐藏悲伤，最重要的是她真的能在街道的每一个角落找到久违的味道。

之后的一年里，她带我吃了很多地方，我也渐渐走出失恋的阴影。有时候我也跟她开玩笑："陈潇，你是不是对我有什么企图呀。我劝你还是早点死了这份心吧，做我女朋友门槛挺高的，我怕门槛高得绊倒你。"

她从来不会让我占上风："你得了吧，要不是我当初看你可怜，你有今天嘛，你不懂得知恩图报就算了，还在这儿自以为是。我告诉你，要是我看上你，你早就是我的盘中餐了，还会等到今天？"

我听了她说的话，心有余悸，赶忙道歉："陈潇人恩人，你消消气，千万不要看上我呀！"

3.

其实在一件事之前，我也根本没想过让陈潇做我女朋友。虽然跟她在一起是件非常轻松愉快的事，但是谈恋爱和做朋友是两码事，我总觉得在她身上找不到冲动去爱的感觉。我不知道她对我到底有着怎样的情愫，是不是跟我的想法一样，我也不想知道。

前女友跟我提出复合的时候，陈潇好不容易帮我整理得有序的世界一下子混乱了。那阵子我开始躲着陈潇，我怕陈潇知道后说我没骨气，当然我也没有给前女友回复。

陈潇是在我不理她一周后在我常去的咖啡厅找到我的，她好像知道什么似的，直接问我考虑得怎么样了，没有给我回旋的余地。

我说："我不知道。"

陈潇说："既然没有忘记，就要好好在一起。"

我说："但是有些东西已经回不去了，如果说在她找我之前我心有不甘，现在只剩下释怀了。但是你知道的，我并不想伤害她。"

陈潇说："那你约她吃顿饭呗，好好说清楚。"

我没有约前女友吃饭，我给她回复了短信：

对不起，我想我已经不是当年那个我了，我不能再像当年那样喜欢你了。我从来都没想过要伤害一个人，以前不想伤害你，现在不想伤害她。

前女友并没有说我敬酒不吃吃罚酒，她给我回复的短信出乎意料般地透着善意：是那个经常跟你走在一块的女生嘛，看她的样子挺单纯的，挺适合你的。

后来，我打电话给陈潇约她出来吃饭，我对她说："你天天缠着我导致别人都怀疑我俩关系不正常了。”

“谁说的，我找她评理去！”

“我前女友！”

“啊，她说什么了？”

“她让我对你好点！”

“你知道就好！”

4.

跟陈潇在一起后，我们的生活与之前并没有什么两样。我们约会常去的地方还是各种各样的小吃街或者新开的餐厅。她对我说：“我喜欢你，所以我要带你一起去吃好吃的。我愿意跟你分享我喜欢的一切。”

有时候我们走在路上经过幼儿园的门口，她会突然松开我的手。我问她怎么了，她告诉我：“不要给小朋友做坏的表率。”

我说：“教他们谈恋爱不好吗？”

她会一本正经地纠正我：“不好！他们还很小好吗！”

“好吧！”说完，我就故意离她远点。

然后她就不乐意了，追着我在林荫路上跑，还大喊着：“你离我近点！”

“你来追我呀！”

她不爱运动，所以没跑多远就有点喘不过气来了。那个时候，我只能乖乖回头找她，扶她去最近的长椅上休息。她靠在我的肩上，像极了淘气的小孩。她有着她自己的在我看来很幼稚的想法，她经常会冒出一句：“我特别想这么坐着，这样你就不会走远了。”我很少去回答，倒也不是词穷，实在不忍心破坏她的梦想。

有时候我也会问她："除了吃，你还会做些什么？"

她倒也不生气，用像递交挑战书似的语气跟我说："喜欢你呀。"

像是"就是喜欢你，看你拿我怎么样"的挑衅。大多时候我只是微微一笑，但有时候也会严肃起来："你天天只顾着玩，陈潇，你知不知道，吸引一个人最好的办法是让自己发光，而不是一味地讨好别人。"

说实话，陈潇这种类型我之前从来没有喜欢过。我觉得这种女生成不了什么气候，太小家子气，目光短浅。跟这种女生在一起久了就会觉得浑身不自在。

5.

我就这样开始嫌弃陈潇了。

她打电话叫我出去吃东西的时候，我的语气不同往常了，我开始让她控制食欲，让她找些有意义的事情去做，不要一天到晚就知道吃吃喝喝。

甚至我直接告诉她："陈潇，我不喜欢什么都不会的女生，更不会喜欢一个什么都不会的胖子，你好自为之吧。"

我说出这句话后就有点后悔了，我想我应该委婉一点比较好，但是转念一想，反正迟早要说的，毕竟因果循环，反而不是好事。

陈潇很敏感，那天晚上零点已过，我收到她的短信："我知道我自己从来都不是你喜欢的模样，但我喜欢你呀，喜欢到我开始改变自己来迎合你。我知道自己好吃懒做、没什么目标，脑子也不聪明，又不努力学习，但是跟你在一起后，我真的已经在努力追逐你的步伐了。我从来就没有奢望你会一直陪着我，如果你要离开，我也会像一开始那样送你走。所以，我同意你走，我们分手吧。”

看到短信的时候，我心里很不是滋味。我给她打过去电话，电话响了很久也没人接。我给她发短信：“我在你宿舍楼下等你，如果你愿意原谅我的话。”

跑到她宿舍楼下的时候，平常情侣的身影也早没了踪影。我掏出手机看了看时间，都快凌晨一点了。手机也忘记充电了，那个时候我咬牙切齿地自言自语：“妈的，你最好不要下来，下来绝对不给你好脸色看。”

我坐在草坪上想起了一些往事。

还是我之前失恋的那会儿，陈潇带我出去吃完饭，我不想早早回学校，就让她陪我在学校附近转了转。我带她走的路毫不陌生，都是之前跟前女友走习惯的路径。当时我想以后不管什么时候走在这条路上，都不能赋予它特殊的意义。这条路再也不是我和前女友的独家记忆。

陈潇当时跟我提了一个非常无理的要求，她让我做她的引路人，她说她要闭上眼睛走一段时间，问我她可不可以拉着我的衣角。

我没有拒绝。她闭着眼睛大概跟着我走了两百米，然后突然睁开眼睛，笑着对我说：“你这个人是值得信任的。”

我用惊愕的眼神看着她。她歪戴着眼镜问我：“你跟你前女友没有玩过这个游戏吧！”

后来如愿以偿——我一个人走在那条路上的时候，我第一个想到的再也不是前任，我反而会不经意想到陈潇拉着我衣角走路的那几分钟。我会无缘无故地笑出声来。

快凌晨两点的时候，我听见她宿舍门口有人出来，路灯渐渐照亮她脸庞的时候，我毫无计划地跑过去拥抱了她。

“傻瓜，谁说要离开你了。”

那一瞬间，我觉得即便她什么都不会，但只要她在我身边就够了。

我跟她的第一次分手就这么未遂。

6.

后来，陈潇再也没有跟我提出分手。

虽说她开始有意识地去学习在我看来有价值的东西，但是她对吃的热爱丝毫不减。

她就这么理所应当地胖了。

她身高本来就不高——一米六左右，甚至都没有一米六。看着她貌似怀孕三个月的肚子，我忍不住凑上去听听里面有没有声音，会不会有小脚踢她的肚子。

“别闹！”她嘟囔着跟我说，“怀孕四个月的时候，那你会不会抛下我们娘儿俩？”

“会！”我不假思索地回答她，斩钉截铁。

“好吧，我去打胎了，我会让你后悔的！”

我看着她走的方向，赶忙去叫住她：“医院在那边呢，你走反了，你走的是食堂的方向。”

对了，我们刚在一起的时候，周围的朋友非常不看好，他们还对我们在一起多久进行了猜想与押注。遗憾的是，他们最后没有人因此获得一笔巨款。他们当中给出的最长时限是五个月，而就在“孩子三个月”的时候，我们已经在一起差不多半年了。

后来陆续有人问我：“你喜欢陈潇什么呀？”

我说：“不知道，就是拿她没办法。”

我想当你拿一个人没办法的时候，就是彻头彻尾爱上ta了吧。

吃饱了再恋爱，睡醒了再追梦，你没离开我怎舍得让你独走。刮风的时候我会想你，下雨的时候我会想你，打雷的时候我会想你，而你只要在我想你的时光里，撞巧思念我，我便心满意足。晚安。

我的
初恋女友

1.

该怎么评定一段恋爱是否有效，我无从得知，如果按我的标准，没有接吻没有牵手也算的话，那陈希就是我的初恋。

我可没有单方面宣布恋爱关系，我们的的确确在一起过。

我跟陈希很早之前就认识了，严格意义上来说，她一出生我们就相识了。我们俩出生在同一产房，她比我晚三天，我想，她来到人世的第一声啼哭，我肯定听到了。那一天，她成功地吸引了我的注意力，在我循声望去的同时，她恰巧也看到了我。

当然，我原本不知道这件事。

是陈希告诉我的。

如果不算那与生俱来的渊源，我跟陈希的第一次见面应该是在我十一岁的时候，作为一个胸前飘扬着红领巾的少先队员来说，好好读书和好好培养同学之间感情同等重要。我们作为祖国的花朵，当然得知道这一栅栏中的花哪朵开得最艳。

陈希是最美丽的那朵，那些男生天天在教室后排讨论着。

真是英雄所见略同，我也这么认为。

但是我不会跟他们讨论，不屑同流合污，不想混为一谈，不敢暴露动机。

2.

做广播体操的时候，陈希是我们班的领操员，我是年级计分组的一员。我们计分组的任务包含两个：一是去每个班级查看是否有不上操现象，二是在做操的时候给每个班级打综合评分。第一个任务比较有趣，因为经常有同学自作聪明趁我们检查时跑去厕所，然后看我们检查完再偷溜回来。但我们计分组可不是吃素的，每次回马枪总能逮到很多人，场面尤为壮观。有些时候，我们还会在厕所外守株待兔，总能抓住几个沾沾自喜的回巢之鸟，屡试不爽。

这些趣事都是从他们口中得知的，我从来没有螳螂捕蝉过，因为我很喜欢看着陈希在前排领操的样子，我就站在她正前方，来来回回地踱步，做出检验这一圈各个班级做操质量的样子，但眼神却很少偏离她。

我想，她也看见了，不然她不会对着我笑。

我承认我小时候就知道怎么讨女孩子欢心了，也知道怎么制造交集了。

那个时候，我粉笔字写得很好，每天中午都要帮语文老师写午间作业，同学们在下面自主完成后睡午觉，等上课的时候老师来讲。

其中有个修改病句是这样的：李丽同学很受大家欢迎的原因是因为她不仅长得好看，而且成绩优秀。

我动用私权，把“李丽”改成了“陈希”。

抄完板书后，我回到座位立马趴在课桌上睡觉了，生怕陈希来找我算账。

上课的时候，老师讲到这道题，露出了神秘的微笑。他说：“这道题很简单，两种改法，居然同学，你跟大家说说，你打算用哪一种夸陈希呢？”

全班哄堂大笑。

我慢慢站起来，说：“我觉得两种都可以的。”

全班又哄堂大笑。

老师没有难为我，示意我坐下，我偷偷瞟了一眼坐在我斜对面的陈希，她满脸通红，低头不语，我知道大事不妙了。

陈希一个下午都没来找我，我反而有点失望。

我甚至故意跑到她座位面前跟她同桌讲话，但也无济于事。

她好像完全不把我和我对她的戏弄当回事，我气得回到座位上，拿起数学练习册一口气写了七八页。

3.

我一直觉得，学生年代追姑娘，不仅需要自身条件优秀，助攻也不可缺少。助攻一般分两种：贿赂兄弟前方做探子或者买通闺蜜敌部做卧底。助攻一般起着推波助澜的作用，假以时日就会见成效，堪称事半功倍不二法则。

但是助攻不是轻易就能寻得的，一来敌方警惕性较高，兄弟无可乘之机；二来女方闺蜜不易被收买，无法知己知彼，百战不殆。

那个年纪我还不懂助攻定律，在我对陈希快要无计可施的时候，班主任突然指着我旁边的位置说："陈希，你搬来跟居然同桌。"

那次是个大洗盘，很多同学的位置都交换了，我跟我的前任同桌陈述了分别感言后立马自告奋勇地帮陈希搬书去了，陈希并不领情，她对我说："你休想小恩小惠就能得到我对你的原谅。"

原来陈希这么记仇，课间的时候，她宁愿坐在那儿发呆也不想跟我说话。

我拿出一张纸条，在上面写道："对不起，求原谅。"

我把纸条递给她。

陈希在后面回复："不想跟你说话，你不要白费心机。"

我急中生智，赶忙回复："对于一个单纯喜欢你的人来说，我的所作所为没有任何心机，既然没有，'白费'就无从说起。陈希，上帝做证，我是个好男孩。"

陈希哭笑不得，在后面跟帖："才怪。"

我小鹿乱撞，在下面写："我是个好男孩好男孩好男孩！！！"

我跟陈希愉快的同桌生活就从那张纸条开始了。

我对陈希说："跟我当同桌有个好处，就是没有三八线，你可以随意占用我的地盘。"

陈希听完，立马把她抽屉里的废纸全部扔在我桌上。

我对陈希说："陈希你不能仗着我喜欢你就有恃无恐，你再欺人太甚，我就不喜欢你了！"

陈希听完立马就生气了，转头不理我。

哄女孩开心是门技术活。

我现在这么会讨女孩子欢心，估计就是那个时候学会的。

陈希生气的时候就对我使用冷暴力，上课时我开小差回来问她老师讲到哪儿她不理我，下课时我问她下节课是什么课她也不理我。

甜言蜜语无济于事的时候，我就开始折千纸鹤，折完一个又一个，我对着千纸鹤说："鹤兄，你们觉得陈希会原谅我吗？如果你们认为我不该原谅，你们就飞走吧。"

千纸鹤当然没有飞走。

我做出一脸无辜的表情，对陈希说："你看，它们没有飞走，你就不要生气了。"

陈希看我耍贱卖萌的样子就开始笑场了，她假装生气的演技还是没练到家。

陈希对千纸鹤爱护有加，她把千纸鹤收藏在书包的一个夹层里，学期结束的时候，她拿出来数数告诉我，这学期总共收到千纸鹤203个，希望我下学期再接再厉。

我连忙摇头，说："一定不会再惹您老人家生气。"

“我很老吗？你再说一遍！”

我只好又开始折千纸鹤。

4.

六年级的时候，我跟陈希不在一个班，但我每天都会和她一起放学回家，那个时候，在我们熟知的伙伴中，我们就是公认的一对了，但在外界看来，陈希依旧是炙手可热的单身女孩。

也有想挖墙脚的，每天都会半路拦截，说让我回避一下，有话跟陈希说。我怒不可遏，你什么意思，抢人家女朋友还这么明目张胆。

对方给我的回答是，她是你女朋友吗，我看你们走路都隔着一太空，你有贼心没贼胆，装什么孙子。

我哑口无言，毕竟他说的我都无法反驳。

陈希在一旁傻笑，我说你笑什么，你都不帮我说话。

“说什么，说你是我男朋友吗，本来就不是呀，不过现在是了，我们走吧。”

啊，我喜欢这么霸气的女生。

我看着气得扭头就走的那个男生心中暗爽，得意地对陈希说，牵着我的手走呗。

“想得美，给你阳光，你就灿烂。”

初二进入叛逆期，我什么正事都不干，就喜欢肆无忌惮地唱反调，当时忘了什么原因一直跟陈希冷战。

她不理我，我就没再找过她，反正不在一个班，没有太多交集。

后来我看到有男生跟她走得很近，我就故意走上前去跟他们擦肩而过。我很想陈希会停下来跟我打招呼，然后跟我解释他们只是同学关系，但是陈希依旧跟那男生谈笑风生，完全没有半点理会我的意思。

我安慰自己说，我没有被甩，我和她本来就没在一起。

正好当时舍友看上初一一个学妹，让我帮忙打听打听，事后请我吃饭。我欣然接受，颇有偷得浮生半日闲的意味。

我一个留过级的小学同学刚好在学妹那个班，是个女生，跟我关系不错，她平时跟学妹走得也很近，所以我不费吹灰之力就从她口中得到了学妹的第一手信息，从星座到血型，从最喜欢的颜色到最爱的明星，不一而足。

舍友看我办事效率高，又派给我一个任务，说事后再加两顿饭。我想也没想就答应了，但知道真相后后悔也来不及了。

舍友让我帮她写情书，然后再亲自送给学妹。

写情书倒不是什么难事，三下五除二我就能搞定，但送情书这种抛头露面的事我还是第一次做，紧张，尴尬，怕被人家误会——其实我只是怕陈希误会。

为了不失信于人，我硬着头皮将情书送到学妹手里，一句话都没交代就灰溜溜跑回来了。

后来我跟我舍友闹翻了，原因是学妹派人传话来说她愿意跟我在一起。舍友认为我背后使诈、反客为主，我有理说不清，跳进黄河也洗不清。

我只好去找学妹，求她帮忙解释，让她告诉舍友我真的是以舍友的口吻将情书送到她手上的。舍友说情书上没有写名字，她以为是我写给她的，她认得我的字迹，况且是我送给她的。我百口莫辩，忘署名真是自作自受的事，不过我有一问，我说："你怎么认得我的字迹？"

"这个，我去你们班问的。"学妹说完不好意思地低下了头。

我严肃地对她说："不好意思，我有女朋友了，只是最近跟她闹了别扭。还有，我那舍友特别喜欢你，真的，而且他人特别好，你也特别好，所以你……"

学妹失望而归，边走边哭，这一幕正好被陈希看到了。

陈希扭头就走的速度不像从前，我追不上她了，我知道，当一个女生扭头离开的步伐越快，就越说明她对你越失望。

不知怎的，我这犟脾气也大大超越以前了，这件事过后，我也没主动找陈希坦白错误、解释误会，倒是我跟舍友的信任危机解除了。学妹被我气走没过几天就跟舍友在一起了，真是识时务者为俊杰，我没多说什么。

到了初三的时候，我跟陈希的关系几乎发展到死对头的地步。当时我们又碰巧分在一个班，每天低头不见抬头见，我只好装出一副毫不在意的样子。金牛座真是冷战中的战斗机，为了故意气她，我追她的同桌，跟她周围的女生每天嘻嘻哈哈打闹，还有毫不顾忌地哗众取宠，企图证明没有她我反而乐得自在。

这种局面一直维持到中考前都没有好转，其实我有好几次想告诉她我很怀念跟她在一起的时光，哪怕一起在田字格本上玩井字游戏，哪怕每天一起放学回家，哪怕我要折很多的千纸鹤才能换取她的原谅。

我很想问她，这次需要我折多少千纸鹤。

但无数次到嘴边的话都被她毫无期待的眼神给拒绝了。

最后，我们连同学录都吝啬给对方写。我一直坚持这个原则：她给我，我就给她。可能我们保持常年的心灵默契，双方都不舍得打破这个平衡。直到最后毕业散场，我们都没有跟对方握手言欢。

之后的几年，我们就没见过，我们去了不一样的高中，奔赴了不一样的前程。

5.

高中毕业的时候，我回老家，在大街上碰到了她。

是她先看到我的，她隔着很远的距离叫我的名字，我转身望去才知道是她。

我们去了一家休闲餐厅，点了两杯奶茶，靠窗坐下。我一时不知道如何开启这场重逢的对白，竟忘了已经点过饮品。我叫来服务员，说，来两杯奶茶吧，香草味的。

陈希笑着对服务员说，不用了，刚才已经点过了。

我尴尬至极，恨不得变成土行孙，钻进地里面去。

陈希对我说："这几年听说了不少你在高中的传闻，是不是又给别人折千纸鹤了？"

"没有，初中毕业就再也没有折过了。况且那些女生也不像你这么好打发呀，你说是不是？"我不再尴尬了。

“看来你的技能又提升了，好可惜，没能一睹风采。”

“那你呢，应该有很多男生追你吧？”

“还好，我高中谈过一段恋爱，不过总是吵架，后来分手了。”

“他没有折千纸鹤给你吗？”

“我让他折了，可是他不会。”

“那真的不可饶恕了哈。”

“对了，一直忘了跟你说，其实我们很早就认识了。”

“啊？难道不是五年级才认识的吗？”

“不是，我妈告诉我，我们是在同一产房出生的。你比我大三天。”

“怪不得。”

“怎么了？”

“两个金牛倔到一块去了，当年。”

“我们都长大了，再也不是当年那个一赌气就再也不理对方的小孩子了。”她说。

我们相视一笑，仿佛多年的恩怨一下子化为了一阵清风，透心舒畅。

那天回到家，我给陈希发了短信：“有句话一直想说，我真的很喜欢当年那个喜欢着你的我。那时候的我，整个人都在发光呢。”

陈希发了个笑脸过来：“现在追我可没当初那么容易了哦。”

6.

关于初恋，好像男生提到她总要喝几杯，女生想到他都要掉几滴眼泪。初恋这东西很好也很坏。好的是，我们每个人永远记得自己的初恋是谁；坏的是，我们往往失去了ta。初恋这东西很坏也很好。坏的是，我们不知道自己是谁的初恋；好的是，不管那个人是谁ta一定记住了自己。

一直流传着这样一个段子：初一的某个午后，我们碰巧都被老师叫到黑板前答题，我早已忘记有没有答出那道题，但却清晰地记得你淡黄色的上衣和全班的咳嗽声。每当看到这个段子的时候，我都会想起那次我把“李丽”改成“陈希”的修改病句，我早已不记得那个病句的原话是什么了，我只记得自己那节课偷偷瞄了陈希好几次，她都一直低着头，我也不知道自己在语文书上写了多少遍陈希的名字，那节课下课铃声才响起。

我一直觉得人的记忆力是有时限的，就好比我会忘记小学背的课文，会忘记初中凶神恶煞班主任的名字，会忘记高中校花的模样。

我想我也会忘记陈希的长相、身高、体重，忘记陈希的爱好，忘记千纸鹤的折法，甚至会忘记陈希的生日。

这些年我谈恋爱再也不会找陈希那样的女孩，固执、倔强、逞强、喜欢说反话，真是让人捉摸不透。

但是每年的5月5日，我还是会给她发去“生日快乐”。

没办法，谁让她三天前给我发了。

我可不能占她便宜。

对了，有天她问我：“你想好我结婚你送我什么了吗？”

“1007个千纸鹤。”我说。

我爱过你许多个四季，从青涩到成熟，久到忘记曾经的懵懂和冲动，但却依然记得你是我最执着的梦想。后来的后来，你身边的人不再是我，我也再无关你生活的细枝末节，也许某个晴朗的午后我会回想起与你这段长长的时光，但也只到这里，没有然后。晚安。

我的
绯闻女友

1.

我学生年代传过不少绯闻，但大多都是空穴来风，弄假成真的也有几次。但高中时期我跟赵然的恋情传得沸沸腾腾的时候，我第一次感觉到人言可畏，因为我跟赵然清清白白，而且我对赵然也没有非分之想——我是确确实实被冤枉了。

赵然是我们学校的校花级人物，所以我怀疑这段绯闻的背后其实是一出别有用心的诋毁事件，从法律层面来说，它严重地侵犯了我的名誉权。

我把这句话告诉赵然的时候，她倒不乐意起来。她说："要说侵犯名誉权也是侵犯我的呀，我堂堂一个大校花，怎么说也是万人敬仰炙手可热。你跟我传绯闻，你应该感到荣幸才对。"

我说："炙手可热是贬义词，你这个烫手的山芋我要不得。赵然，你知道跟你传个绯闻我得得罪多少对你蠢蠢欲动的男生以及错过多少对我暗恋已久的女生吗？这个绯闻我得不偿失呀，你得赔偿我！"

赵然说："既然这么说的话，那我的损失更大，毕竟你说的损失我都有，但除此之外，我还有一个损失，那就是以后要被冠上眼光差的评价。居然，你不觉得你跟本姑娘站在一块特别有面儿嘛！"

"拉倒吧！"我说。

2.

其实赵然说的并非没有半点道理，只是她毫不留情地伤害了我的自尊，这点我绝对不能姑息，尽管她真的美得让我不能高攀。她每次出现在我们班门口，后排男生所有的吵闹都会瞬间消失，取而代之的是缄默，以及目光的注视，就连女生都会窃窃私语说上几句，讨论我是如何征服眼前这位校花的，以及这位校花是受了多大的刺激才看上我的。当然，这时候最受瞩目的还有我，每每这个时候，我会假装不情愿地走出去，后面跟着一片羡慕嫉妒恨的目光。

赵然到我们班找我无非两种可能：一是陪她去校外买吃的，二是帮她去校外买吃的。

我很少会答应她的无理要求，每次都要跟她据理力争，我说："赵然，我不是你的男朋友，我没有义务帮你出去买吃的，更没有义务冒着生命危险陪你出去买吃的。"

是的，我们高中在校期间出校门需要经过严格的审查程序，需要提供学生证以及班主任的外出证明。诸如出校门买东西这类的理由，班主任一向是不理会的，当然我们也没有这个胆量跟班主任理直气壮地说我要出去买吃的，请帮我开证明。这样一来，我们能走出校门的唯一办法就是撒谎。撒谎的伎俩层出不穷，但毕竟姜还是老的辣，不安分的也不只我们两个（准确来说是她一个，不包括我，我也是被逼无奈的），所以每次撒的谎都容易被揭穿，最后搞得自己无功而返而且颜面无存。

当然我们也成功过，这自然是件好事，我最多在她的淫威下妥协，答应跟她一起出去，除了浪费点时间外，也没什么损失。

但成功的次数毕竟是少数，而她外出的欲望不会消停，所以后来直接演变成我帮她出去买，而不是我陪她出去买了。

事情是这样的，在撒谎无济于事的时候，我们又发现了另一个行之有效的方案，就是翻铁门而出。

学校澡堂后面有个铁门，常年锁死，也无人把守。赵然每次馋性大发的时候，也就是我要展示攀爬技能的时候。赵然在下面一边帮我望风，一边为我加油打气，我知道只要食物到手，她就翻脸不认人了，所以后来我提出了附加条件。

附加条件有两个：一是我必须享有食物食用权，尽管我不会吃太多；二是帮我追她们班的一个女生。

赵然二话不说就答应了，这着实让我感到意外。

3.

我跟赵然绯闻后来越闹越大还正是因为我喜欢她班的那个女生，但绯闻的开始却是我们意想不到的。

认识赵然是高一的事，当时澳大利亚交换生来我们学校学习，学校派了大约二十个学生陪同交流，其中就包括我跟赵然。

赵然用她的美貌吸引了外国小伙，而我虽然不屑出卖色相，但我伶牙俐齿，努力发挥自己的逗逼性格，哄得外国姑娘团团转。

我的这一行为深为赵然所不齿，她说我英文蹩脚，笑话生硬，那些外国妞都没见过世面，所以才这么容易被我忽悠。

我说：“没办法，我是内外兼修，你光有皮囊，只能勾引色狼，你没看那几个最帅的也喜欢听我讲故事嘛。”

赵然气得咬牙切齿，但她拿我没有办法，我们当时没什么交集，也只有跟外国学生一起活动的时候才会见面。

但有句话说得好呀，不打不相识，自从上次互掐之后，我们却变得惺惺相惜起来。因为我们每天除了上课外，晚自习时间全被交换生剥夺了，但我们的作业还必须按时上交，所以我们只能延长晚自习时间。

有次，我好不容易做完了繁重的作业，正要关教室门回宿舍，恰巧碰到了背着书包准备下楼的赵然。赵然也看到了我，她跟我说，看来同是天涯沦落人呀。我微微一笑说，自作孽不可活呀。我现在后悔当初同意中澳建交了。

赵然捂嘴不让自己笑出声来，她说："中澳建交，居然，没看出来你说话还挺逗的。"

我说："你之前不是还损过我吗？怎么没看出来。"

她说："以前是贬低，这次是褒奖。"

我说："哦，看来还要谢谢大校花了。"

后来，我们就建交了。这里的建交不是谈恋爱，而是一起做作业，一起回宿舍。

教学楼到宿舍区之间有一条主马路，那一阵子，每天夜深人静的时候，我俩就在马路上慢悠悠地走着，一路有说有笑，一笑泯恩仇，之前的芥蒂早已忘得一干二净，我们的关系就这么不经意地好起来了。

我觉得隔墙有耳这个词挺孤独的，最好再有个隔墙有眼或者隔路有眼什么的，总之我们还是被一些深夜行者给撞见了。第二天就陆陆续续有些言论传到我们耳中。一开始我还挺清者自清的，完全若无其事，但中午在食堂吃饭的时候，就听到我后面几个在津津有味地谈论我跟赵然的偷情秘史，说我们每天晚上不回宿舍，在学校里晃悠，牵手接吻，画面感十足。我想我不能置之不理了，我得跟赵然商量对策，消除这次公关危机。

一直以来，我在女生中树立的形象都很阳光正直，这种背地里偷鸡摸狗的事我是万万不会做的，而且我认为谈恋爱这事虽然校方是明令禁止的，但我是丝毫不避讳的。而现在传言说得我好像不敢见天日似的，我不能坐视不管。

我想，这种绯闻传到王诗含那儿，我就一点机会都没有了。

4.

王诗含就是我当时喜欢的一个女生，她跟赵然在一个班，是个非常安静甜美的女生，跟赵然的性格完全相反。

我去赵然班上找赵然的时候，王诗含刚好在门口，我对她笑了笑，她以为我要让她帮忙叫赵然出来，她叫赵然名字的那一刹那我就知道大事不好了。

我觉得这个事情严重到非处理不可了。

赵然出来的时候，面带微笑，看上去一点也没被绯闻的事影响。

我对赵然说："你怎么如此淡定呀？我俩已经……"

我不好意思往下说了。

赵然说："你还不乐意了，我都没暴跳如雷呢。不过我觉得这事的生命力不会持久，过不了几天他们就自讨没趣了。"

她的观点我的确赞同，可我现在已经被王诗含误会了。她不能感同身受，我也能理解。但是我希望她能告诉王诗含，事情并非传闻那样。

我支支吾吾地跟赵然提了这个要求，她说："你喜欢王诗含呀？"

我拼命地点了点头。

"好吧，我帮你解释，你今晚帮我出去买点吃的，一言为定，成交。"

我就知道她不会这么好心，但我也心甘情愿地答应。

赵然拐弯抹角地帮我跟王诗含说了一些好话，但王诗含对赵然的行为举止感到奇怪。赵然只好破釜沉舟把我喜欢王诗含的事告诉她了，王诗含起初不信，以为这是我跟赵然针对绯闻的对策。赵然只好把事情的真相一五一十地告诉了王诗含。王诗含还是不信，说怎么可能呢。

王诗含的潜台词是我有一个这么貌美如花的绯闻女友，怎么会看上平时都没人关注的她呢。

赵然没有办法，只好对我说，要不你给她写封情书吧，她不信你喜欢她。

我一听，装作深沉地说，我就知道这次绯闻伤了很多对我芳心暗许的女生的心。

赵然叹了一口气说，可惜不包括王诗含呀。

哪壶不开提哪壶，赵然，做你绯闻男友真是我人生中的一大坎坷。

我没有给王诗含送去情书，我觉得这样不但不能解决问题，反而会弄巧成拙。

我想还是等绯闻平息后再从长计议，倘若再被谣传个脚踏两只船的罪名就真的被千夫所指了。

中澳建交也接近尾声，澳大利亚交换生也要回到他们的祖国去了，我跟赵然也都解放了。

澳大利亚交换生刚走的那天，晚自习下课赵然还是一如既往地在我们班门口等我，我说："怎么，你还嫌绯闻闹得不够大呀？"

赵然突然对我说："你能不能陪我出校门一趟？"

她的眼睛是湿润的，看得出来她有心事，我答应了她，也没问她出校门干什么。

她把我带到学校附近的一家网吧，我有些迟疑，但还是跟她走了进去。

她告诉我她喜欢上一个澳大利亚学生，她答应今天要跟他视频聊天的。

赵然，你居然带着你的绯闻男友来网吧去跟另一个男生视频聊天，而且还是个你没认识几天的外国人。这是我那个时候的心理描写，当然，我并没有说出来。

我说："好，我陪你。"

赵然在QQ上等了好久，那个交换生也没出现，窗口抖动也无济于事，头像一直是灰色的。

我说："他会不会忘了？毕竟外国人也不用QQ，我记得他QQ号还是你帮他注册的吧，他有可能都把密码给忘了。"

赵然大概在网吧坐了两个小时，也不跟我说什么，中间发了无数次的"在吗"和窗口抖动，最后她站起来跟我说："外国人没一个好东西，对了，八国联军是不是有澳大利亚？"

我哈哈大笑："八国联军没有澳大利亚，你说的可能是奥匈帝国。"

赵然把那灰色头像删除后，拉着我赶快往学校跑，再不回去就要被锁在宿舍门外了。

5.

赵然恢复往日的活泼后，我便开始放手去追王诗含了。

可是王诗含跟赵然不一样，王诗含喜欢躲着我，一直躲到女厕所才罢休。

当然大多时候是我去她班上找她，她从来都吝啬出来见面，哪怕跟我说句"找我干吗"的机会都不给我。

每次来救场的都是赵然，赵然看我失魂落魄地站在门外，带着她普度众生的菩萨心肠来安慰我："怎么了，受挫了吧？知道本校花是最亲和最接地气的了吧，要不要姐当信使？"

我说："你上次答应帮我追她，到现在一点实际行动都没有，我现在都很难相信你了。"

赵然微微皱起眉，她回了趟教室，把王诗含拉到我面前，然后自己回教室去了。

王诗含不耐烦地问我："有事吗？"

一旦你喜欢的那个人不喜欢你，你就什么都不是了，不管你在别人眼里有多英俊、多优秀，在她眼里也只是个天天打扰她的厚脸皮而已。

但是人一旦不知羞耻起来就会一发不可收拾，我羞赧地问她："晚上可以约你一起吃饭吗？"

王诗含斩钉截铁地说："不可以！"教室里面很多人在盯着我们看，王诗含没等我挽留就跑回教室去了。

我追王诗含的消息就不胫而走了，我跟赵然的绯闻恋情就此告终。

有人说是赵然甩了我，也有人说我劈腿王诗含。

我没有心情去辩解，当王诗含转身的那一刹那我就知道她不会喜欢我，不管我怎么努力，她也不会喜欢上我。

下午放学的时候，赵然还是跑来找我让我陪她去食堂吃晚饭。

她的出现让我的感情传闻变得更加错综复杂，而更为奇怪的是，居然有男生跑来跟我说赵然是他心仪多年的女神，让我不要三心二意伤他女神的心。我对于他对赵然什么时候暗生情愫什么时候欲罢不能什么时候默默相守的经历一点兴趣都没有，但他就站在我面前喋喋不休，我不忍心打断他，就跟我每次跟赵然列举王诗含优点的时候，赵然不忍心打断我一样。

跟我不一样的是，我不会对那男生说"的确这样，赵然值得被爱"，而赵然在我每次倾诉完之后，还给我补充道，是的，王诗含这姑娘，甜而不腻，不疯不癫，稳重有余，端庄有加。

赵然很少在我面前夸其他女生，也很少在我面前夸其他男生，就连作为她绯闻男友的我，她都吝啬赞美之词。所以当赵然对王诗含夸赞有加的时候，我那被王诗含亲自浇灭的心又死灰复燃了。

即便第二天，我又被王诗含扑灭了心火。

如此循环往复，在所不惜。

6.

直到有一天，我突然不喜欢王诗含了，我也不知道因为什么，我对赵然说："我不喜欢王诗含了，你也不需要帮我了。"

赵然丝毫都不感到诧异，她依旧操着她一贯霸气轻柔的声音："走，陪我去吃饭。"

我突然对赵然说："赵然，不知不觉就快高三了哎，你想过要去哪儿读大学吗？"

赵然不假思索地回答我："不跟你在同一所学校就行了，不然我又没恋爱谈了。"

我笑着对她说："这事还怪起我来了，我不也是一直单身吗？你不知道我们班私底下都有好几对牵手了，有个姑娘一开学的时候还对我示好，后来我绯闻缠身，她就不搭理我了。"

赵然说："你不觉得本校花让你的高中生活更传奇了吗？你以后就会知道，你会被历史铭记，而那些姑娘终会成为你记忆的尘埃。"

赵然平时挺低调一个人，但跟我贫起嘴来把她生性里的那份臭不要脸全给暴露了，也有可能是经常跟我待在一起被我潜移默化了。

我们的绯闻在高中快要毕业的前几个月达到了沸点。

原因是我们在学校举办的元旦晚会上一起合唱了《小酒窝》，一时之间我们被传为校园林俊杰阿Sa组合，也是那次之后，我的名声才遍及校园的每个角落，走在马路上或经过其他班教室时都会引起一些人的议论，“就是他，赵然男朋友”，“赵然好像喜欢他两年多了”……

那首《小酒窝》可能是我这辈子唱得最好的一首歌了，为了能在台上不出糗，我跟赵然私底下排练了那首歌几十遍，临到上场的时候，我还心惊胆战怕影响她名垂青史。赵然说：“搞砸了也名垂青史，你闭上眼睛唱就好。”

这首歌的反响如此好，我丝毫没有预料到。一开始赵然告诉我她报了一个节目时，我还拍着胸脯说我一定在台下为她呐喊加油，当她告诉我也有我份的时候，我恨不得上前掐死她。

我们的绯闻就是那个元旦晚上传到老师耳中的，但老师并没找我俩谈话，毕竟不是同班学生，不太好处理，倘若当年评选个最佳情侣，让全校师生投票，估计我跟赵然能拿头奖吧。

我跟赵然就这样一直相处到高考前，不过说来也奇怪，就算绯闻炒得再怎么沸腾，我跟赵然都没有弄假成真一回，哪怕一个瞬间都没有。

我本想毕业以后找她好好聊聊，倘若她承认她一直喜欢我，我也不会说出去，毕竟大家一直都这么认为。可是毕业之后，她就去世界各地玩了一圈，连毕业聚会都没有参加。

毕业聚会前，班长在群里说能带家属的最好带家属，气氛越high越好。我心想要不要带赵然去滥竽充数，QQ找她的时候，她居然说她在米兰度假，问我找她有何贵干。我说没事，就想你了呗。赵然没有回我，估计是被外国帅哥搭讪了。

聚会那天我如约而至，后知后觉发现原来很多人都偷偷告别了单身生活，唯独高中三年都没消停过的我还孤独一人。大家问我赵然为什么没来，我说她到米兰勾搭老外去了。大家都很好奇我跟赵然的陈年往事，他们一直以为我们之间肯定有着不为人知的感人故事，那些为之动容的情节不知道被他们自行脑补多少次了。我没有急于推脱我跟赵然的关系，而是笑了笑，听他们说着他们眼中我跟赵然曾经的点点滴滴。他们说了很多，以至于我听得都入迷了，仿佛在听别人的故事，都忘了自己是故事中的男主角。也有听得疑惑的时候，“有吗，她真这样做了”，“没有吧，我没有这样吧”，我不敢相信，那些他们认为很纯真的美好其实都是我跟赵然真真切切发生过的。

以至于我后来都忘了澄清我跟赵然没有在一起的事实。

后来我就很少见到赵然，我们大学去了不同的城市，她也不会像高中那样缠着我。

是的，若不是那次聚会，我都不知道在其他人眼里，赵然是一个喜欢缠着我的女孩。

有次从铁门缝里将食物递给她，自己从铁门爬下来后，她用牙签插了一粒鸡米花送到我嘴里，那一瞬间，被同学讲出来的时候，我觉得好温暖。

上了大学之后，我跟她都谈了恋爱，但这丝毫没有影响我们的友情，我会时不时地损她几句，她也嘴上不饶人地诅咒我恋情活不过三个月。

后来借她吉言，我始终跨不过三个月这道坎。

后来我干脆戒了恋爱，爱上了看电影。

《怦然心动》中有段对话，我一直记忆犹新：

——And she's been stalking me since the second grade.

—— Well, a girl like that doesn't live next door to everyone.

翻译成中文的意思为：

—— 她从二年级起就老是缠着我。

——这种女孩可是可遇而不可求的。

每次看到这儿的时候，我都会想起赵然。

有时候我会截图给赵然看，并附言：“这说的不就是你嘛。”

赵然回复：“当时眼瞎。”

再见她时，往事如烟。

我们无所不谈却对某件事儿绝口不提，这让我们的对话变得深情又无用。喜欢一个人是一场漫漫无望的修行。说不出来的爱情，像寄不出的信，锁在日记里的心。晚安。

我的
学霸女友

1.

刚认识孙佳那会儿，我非常讨厌她。

高一新生刚报到的那天，一张张陌生的面孔轮流走上讲台做自我介绍，轮到孙佳的时候，她站在讲台上显得格外从容："大家好，我的名字叫孙佳。我的愿望是三年后考上清华大学。很高兴能成为高一（8）班的一员。谢谢大家。"

孙佳的自我介绍像极了冠军的获奖感言，还有她在说完上面一番话之后，对着我们深深鞠了一躬，至今我都历历在目，无法忘怀。

不知是逆反心理，还是嫉妒引起的不屑，当时我心中有一万匹草泥马奔腾而过，我问旁边的同桌，这谁呀，感觉好高调呀。我本想说狂妄来着，但是考虑到初来乍到，处处应以和为贵，我才留了余地，更何况万一隔墙有耳传到孙佳那儿，我一个学渣可不敢得罪学霸。

"你不知道她是以年级第一的身份进我们学校的吗？"同桌告诉我。

"哦，就是她呀。"我摸着后脑勺笑嘻嘻地回答。

其实我压根儿一点也不知道年级第一是谁，我也从来不关注这些跟我沾不上边的事。在我看来，我能考上这所高中已经是值得庆祝的事儿。我不知道接下来三年会发生什么，凭我惹是生非的能力，我预感到这将是我青春史上无比辉煌的一页。

但我万万没有想到的是，这页纸上不仅写满了我，还写满了孙佳。

2.

我的同桌叫黄鸣宇，是个无比内向的男生，说话从来都是喃喃细语，三句离不开学习。后来我很少找他说话，他也很少和别人说话，我感觉他父母给他起这名字就是要让他一鸣惊人的。

但他有个优点——任劳任怨，毫无怨言。我每次跟他借作业抄，他都不厌其烦，这一点我很欣赏他，即便他心里可能有一万匹草泥马想对我说。

这世上总有人喜欢多管闲事，尤其是学生时代那些自以为是好学生的人。孙佳是我们班主任钦点的学习委员，每次来收作业时，我都在那儿奋笔疾书，孙佳脾气跟她的学习态度很不相称，她每次见我临阵磨枪时都教训我，具体说什么我不记得了，总而言之差不多是“居然，你下回再这样我就跟老师反映了”“你下回能不能提前抄”之类的。我每次都顾不得跟她斡旋，台词从不两样：“清华孙佳，你大人有大量，你先收后面同学的行吧。”

“就差你一个了！”

“哦，你先回去学习，我写好给你，反正又不急着给老师，下节课下课之前我肯定给你！”

孙佳拿我没办法，只好回到座位上做她自己的事。说也奇怪，她也从来不去老师那儿告发我。倘若是别的女生这样，我肯定怀疑她对我有意思了，但是孙佳绝对是那种不食人间烟火的异类，这一点我深信不疑。

后来我发现不仅是我，其他跟我“志同道合”的小伙伴也没有东窗事发，我才确定她是刀子嘴豆腐心，我开始对她另眼相看。

慢慢地，我又发现她其实长得挺好看的，那是在上语文课的时候，我开小差看着窗外发呆，偶然发现的。当时她就坐在靠窗户的一边，我眼神归位的瞬间很不凑巧地落在了她的脸庞上，没想到，她专心致志听老师讲课的样子真好看。

我可没跟她说这些，我还是一如既往地迟交作业，这并不是故意刁难她从而引起她注意的把戏，在我心里，孙佳再好看，也比不过隔壁班洛溱溱的万分之一。

洛溱溱是我一开学就盯上的姑娘，她长得特别漂亮，具体怎么漂亮我也说不上来，反正就是前无古人后无来者的那种漂亮——我不舍得拿她跟任何人比较。

幸运的是，我很快就让洛溱溱认识了我。开学第一个月我在人手一份的校杂志上发表了我高中生涯的情诗处女作，我光明正大地把“洛溱溱”这三个字无比巧妙地镶嵌其中，瞬间借着洛溱溱的人气一夜成名。

我开始成为众矢之的，接连几天一下晚自习就有人到我们班上找我出门约谈。万变不离其宗：“你最好离洛溱溱远点，不然吃不了兜着走。”我还是第一次见到那样的场面，所谓初生牛犊不怕虎，我说：“追姑娘这事恐吓对手并不管用，你得打动姑娘本人。而且我建议大家众志成城，统一战线，也好过大家全军覆没呀。”

他们并没有听我的，而是给了我一下马威后，大摇大摆地离开了。这种群雄争佳丽的场面在历史上不乏记载，但在我的人生经历中却是头一遭。我那争强好胜的心火在被中考封印后再一次被点燃了。

3.

我追洛溱溱的方式并没有什么创意，无非是糖衣炮弹，无事献殷勤。洛溱溱很快就托人带信给我，她有一件事情想请我帮忙。

后来我才得知，洛溱溱是想跟我预订每周的数学周练卷。而且她还有个不情之请：“能不能在每道题后面附带上详细解答呀？”

当时我的内心戏十足，我心想，洛溱溱你是在故意为难我嘛，你难道不知道我也从来都是借鉴别人的嘛。

但是为了博美人一笑，我很淡定地说了一句：“没问题，小case。不过，我有个疑问，你要详细解答干吗？”

“我不只是想偷懒抄作业，我数学一直不好，碰到难点的题就不会，那时我就需要看下你的解题思路了。”

洛溱溱所在的班级是自费班，每个人进这所高中都交了三万的择校费。这种班级往往鱼龙混杂，很多人都是每天浑浑噩噩地起早贪黑消磨时间，但其中也不乏笨鸟先飞之人。洛溱溱跟我说这些的时候，我的惭愧之情油然而生。

我开始好好学习，不管是每日一练还是周练卷，我都在拿到作业的第一时间开始动笔，然后以最快的速度完成。在把周练卷交给洛溱溱之前，我都会跟黄鸣宇对下答案，以确保作业的正确率以及我在洛溱溱心中的光辉形象，我可不想因为一次错误百出的周练卷让洛溱溱对我大跌眼镜。

当然也会碰到我跟黄鸣宇都不会的题，问及四周都没人解答，孙佳这时便是我助攻的不二人选。

我一开始问孙佳题目的时候，她有点吃惊："你居然开始自己做作业了？"

我很不服气："你没发现这些天你收作业我都没拖你后腿吗？"

"我还以为你采纳了我的建议，提前抄好了呢。"

"你不要狗眼看人低，我洗心革面了好嘛。"

孙佳听到我说她狗眼看人低，立马把试卷扔给我，生气地说："自己想吧，聪明的人类。"

我只能赔笑道歉："孙佳，你知道我语文不好，经常用错词，你大人有大量，饶了我这一次吧。我这次是真心实意向你请教，就是为了让你对我刮目相看的。"

孙佳并不是记仇的人，她看我一脸真诚的样子，很快就跟我讲解那道题的解题过程。她讲题的时候很细致，每进行下一步之前都会问我懂了没有，讲完了之后，还问我有什么想法。我对她说，没有，我对你没有想法。孙佳露出一脸嫌弃我的表情，但丝毫看不出逐客的意思，然后她又会给我讲第二种解题方法。

我把孙佳告诉我的解题方法全部写在了试卷上，那是孙佳启发了我的由内而生的学习精神，没想到无心插柳，洛溱溱在还我周练卷的时候对我赞赏有加，几乎到了崇拜的地步。

就这样，我跟洛溱溱走得越来越近了。

4.

我也变得越来越开心。

乐极生悲，果真不假。

我曾经劝和的那帮人趁着晚自习下课我去车棚拿车的时候偷袭了我，那是我高中唯一一次的被群殴事件，他们上来就给我一拳，没等我反应过来又是一巴掌。

我眼看寡不敌众，举起自行车就砸过去，然后拼命地往校门口跑。

他们并没有罢休，在后面追着我，像一群凶神恶煞。

妈的，为什么没有穿云箭，千军万马来相见。妈的，那个时候我才知道通信无阻的重要性，我的那些哥们儿都回了家，整个校园就看不到人的身影，跑到校门口还有好一段距离。眼看后面的狼就要扑过来，孙佳这时骑着电动车出现了。

她一眼看出了我的处境，喊着让我快点跳上后座来。

我跳上去没坐稳，情急之中抱住了她。

我原以为孙佳会让我滚下来，连忙把手拿开，说："不好意思，我不是故意的。"

孙佳没有跟我追究"非礼"责任，只是问我为什么有人"追杀"我。

我说不知道，可能是那帮人喜欢洛溱溱吧，看不惯我跟洛溱溱走得近吧。

孙佳问我："洛溱溱答应做你女朋友了？"

我说："没有，我压根儿就没表白。"

孙佳继续问我："那之前那情诗不算吗？"

我说："不算。那只是为了引起洛溱溱的注意。喜欢一个人跟想和她谈恋爱是两码事。你看，我还没跟她谈恋爱呢，就已经挨揍了，倘若真要成了她男朋友，我估计就要被千刀万剐了。"

孙佳听我说完，笑了："你不会因为这个望而却步了吧？"

我说："怎么可能，我只是觉得跟洛溱溱走在一起倍儿有面子，还不到多么喜欢的地步。不过我渐渐发现她真的挺好的，不只是徒有其表，可能再过段时间我就彻底喜欢上了也不一定。"

孙佳嘲笑我："原来你不只是外貌协会的呀，你还是内涵协会的。"

我说："你怎么越骑越慢了，他们还在后面追着呢。"

自从孙佳救了我之后，我开始对孙佳礼让有加，平时也会对她小恩小惠。我怕她拒绝，每次都要强调"报答救命之恩"。

那帮龟孙子也没有善罢甘休，我只能拉着几个哥们儿一起放学回家，再也不敢单独行动。

但有些矛盾还是需要解决的，有些战争是无法躲避的。我们哥们儿几个还是跟他们干了一架，这事惊动了校方，校方决定给我们所有人留校察看的处分。我不服，前去辩解，我说是他们先动的手，我们属于正当防卫。

校方只按规章制度办事，他们给出解释，只要是在校生打架闹事就得接受惩罚，更何况是性质更加恶劣的群殴事件。

我感觉连累了几个哥们儿，深感抱歉。好在哥们儿不计较，说，留校察看没事，又不是开除。

但没几天，我和哥们儿几个的处分被撤销了。我们既好奇又惊喜。

又过了一天，我的处分又恢复了。对，只有我一个。哥们儿几个安然无恙。

我又去理论。

校方给出解释："根据知情人汇报，你先前被他们夜间偷袭，后来有幸逃过一劫。再后来他们又滋生事端，你跟你的几个朋友才动手自卫。"

"对呀，就是这样，但为什么还要惩罚我？"

校方继续解释："我们一开始就好奇他们为什么夜间偷袭你，他们不会平白无故打你吧？我们询问知情人，但她似乎不知情，我们只好询问当事人，根据他们的证词，你有在校谈恋爱的嫌疑。"

我解释："我没有谈恋爱，我只是跟那女生走得很近，他们嫉妒才……"

校方拿出那本杂志，问我："这首诗怎么解释？"

我哑口无言，好吧，我接受惩罚。

"在校期间不能谈恋爱，包括不能给心仪对象写情书，不能当众表白，男女不能手牵手出现在校园内，等等。否则一律按违背校纪处理。"这些校纪校规在刚入学的时候我们就要熟记于心，摆明了的要让我们断绝七情六欲。班主任曾经还提及这条校规说，我们允许你们有一些悸动的想法，但还请你们给我忍下去。有同学在下面插嘴："老师，这一忍忍三年，万一憋死怎么办？"瞬间惹来全班哄堂大笑。

5.

我一下子就猜出了校方口中的知情人。

我回到班上看到孙佳不在，留了张纸条放在她桌上。

孙佳没有回复我。

我心想，这也很正常，她也没必要特意跟我说“没关系”的。

那阵子，洛溱溱得知我因为她受了处分，每天放学时都在我们班门前的走廊上等我一起回家。我对她说：“你不用觉得不好意思，再说，这事也跟你没有关系。”

洛溱溱说：“我不是因为这个，我是突然发现你这人既聪明又有担当，而且还挺帅的。”

我感觉到这句话背后有无穷的力量，紧张得说不出话来。刚好看到孙佳从我们旁边过去，我跟孙佳打了声招呼，但孙佳好像并没有看到似的，或许她不想打扰我跟洛溱溱。

洛溱溱看我没有说话，生气地走了。

我追上去道歉：“对不起，我刚才看到我们班同学打了声招呼。你继续说。”

洛溱溱说：“我说完了，我得先回家了。”

那天晚上，我一直反复琢磨洛溱溱对我说的话，我不敢确定她一下子罗列出我的三大优点用意何在。她只是想夸赞一下我，还是为后面本想说出来的话做铺垫，我都无从得知了。

第二天，我本想向洛溱溱问个究竟，但是却有人告诉我，洛溱溱转学了。

听到这个消息，我很气愤，洛溱溱不动声色地就离开了，竟没有跟我透露过一言半语。

后来听说，洛溱溱去了加拿大，她父亲觉得她在国内参加高考未必能考上个好大学，就提前让她出国念书了。

洛溱溱的青春就这么一下子跟我毫无瓜葛了。

我对洛溱溱恨之入骨，我把她的名字刻在课桌上，后面写着我恨你。

我又开始不写作业了。

孙佳找我收作业的时候，我连抄作业的心思都没有。

孙佳也懒得管我，从不跟我多说几句。

后来接连几天，老师都没有找我谈话，我很纳闷，难不成老师已经放弃我了？

我有点害怕，通常老师想放弃一个学生的时候，紧接着就会有请家长的环节，这是每个老师的必杀技，一般不常用，但一旦用了，杀伤力非同一般。

我甚至都做好了请家长的准备，反正洛溱溱一走，我万念俱灰。

但奇妙的事情又发生了，数学老师上课讲题的时候，点名夸了我和孙佳。他说："这道题虽然看似很复杂，但其实有个很简单的方法，我们班只有居然和孙佳两位同学想到了。"

我一听才明白过来，孙佳再次暗中帮助了我。

下课的时候，我走到孙佳跟前，问她："你为什么这么帮我？"

孙佳说："我不像你那么容易怀恨在心，我只是希望你早点醒悟过来。碌碌无为解决不了任何问题。"

"我怀恨在心，你说我对洛溱溱？你想多了。不过你说得对，我不应该什么事也不做，我得熬过这三年，然后去加拿大质问洛溱溱。"

孙佳没再理我，扔给我这几天她帮我写的却没发给我的作业。

我跟她说了声谢谢之后回到了座位上。

6.

我就是在那个时候才下定决心好好学习的，不再是为了别人，不是为了洛溱溱，也不是为了让孙佳对我刮目相看，而是为了我自己。

孙佳的一番话刺激到了我。

我在桌子上刻的“洛溱溱，我恨你”六个字上面画了三条横线，所有的怨恨和不舍都烟消云散了。

我开始好好学习，下课不再往走廊上跑，自习课上不再交头接耳，连周六周末我都主动来校自习。

期中考试的时候，孙佳考了我们班第一名，黄鸣宇第三，我考了第二十三。我们班总共六十八人，刚进我们班的时候，按照中考成绩我是并列倒数第一。

到了期末的时候，孙佳依旧是全班第一，黄鸣宇变成了第二，我也挺进了十强。

班主任进行期末总结的时候，着重表扬了我们三个。他说孙佳稳坐钓鱼台，说黄鸣宇是一鸣惊人型选手，说我干劲十足值得学习。

我纳闷为什么说我干劲十足呢，我什么也没干呀？

我们文理分班尽量保持原有班级不强拆的原则，所以到了高二、高三，我跟黄鸣宇、孙佳他们依旧在一个班。

后面局势非常明朗，孙佳几乎每次考试都能保持在年级前五，黄鸣宇保持年级前三十，而我长期在年级一百名左右徘徊，有时发挥好也能冲进前三十的阵营。

高考前一百天，大家都很刻苦，除了学习，唯一的放松就是看看《格言》《青年文摘》一类的杂志。

一开始黄鸣宇不看，依旧没日没夜地在那儿做着没完没了的题。我劝他，你看孙佳都看了，这个东西不影响学习的，放松放松，不要把自己搞得太紧张，而且看看对写作文也有好处。

黄鸣宇说："你先放着吧，我有时间再看。"

其实孙佳一开始也没看这些，后来我直接扔给她一堆。这些杂志我每月都会买，看完就扔在抽屉里，没想到到了高考前派上了用场。

令我惊讶的是，孙佳过几天把那些书还给了我，她问我："还有吗？"

我又从抽屉里掏出一堆给她。我说："你不要真看上瘾了，你是我们班考清华的希望，我可不能成为千古罪人。"

孙佳说："没事，我现在就语文的提升空间大，多看看也不是什么坏事。你放心，我考不上清华肯定不怪你。"

"那我就放心了，你看吧，你要不要看电影？我借你MP4，里面下了很多电影。"

孙佳朝我翻了个白眼。

7.

二模的时候，三市联考，孙佳考了全市第一，她离她的清华梦又近了一步。

我前去道喜，是不是我给你看的杂志起作用了。

孙佳并不没有想象中的那么开心，她说："我怕我的人品在高考前用完了。"

我安慰孙佳："不要这么想，你没问题的，我相信你可以的。"

孙佳后来跟我说："杂志你就不要给我了，我想每天晚自习下再待半小时用来看杂志，你现在给我，我怕我忍不住就看了。"

就这样我每天晚自习下课都陪孙佳看半个小时的杂志，有时候一抬头就不知不觉过了一个多小时。我们俩下楼走出教学楼的时候，校园里早已一个人也没有。我渐渐地发现我很享受那个半小时，以及跟她一起走出校门的时光。

高考结束的当天晚上，我约孙佳跟我们一起去唱歌。

哥们儿几个拿我俩开玩笑，说："你俩到现在都没在一起呀，现在都毕业了，没有校纪校规约束你们了。"

我对孙佳笑了笑，说："你们不要胡说八道。"

那天深夜，我送孙佳回家。孙佳坐在我电动车后面，一句话也没说。

我觉得气氛比较尴尬，说："孙佳，你怎么了，你该不是还在为他们说的话生气吧？他们开玩笑的，我替他们向你道歉。"

孙佳说："有件事我一直想跟你说。"

我说："什么呀？这么神秘。"

孙佳让我停车，当时我们在桥上。

孙佳掏出一张纸条说："你高一那年受处分时给我的，我没有回复你。我本来是想答应你的，但后来看到你跟洛溱溱放学一起回家，我就特别讨厌你。后来，洛溱溱出国了，再后来你好好学习了，现在我们毕业了，我想如果你还问我这个问题的话，我会答应你。”

我接过纸条看了一眼，上面写着：“孙佳，你可以做我女朋友吗？”

我笑了笑，望着桥下的江水，大喊：“孙佳，你可以做我女朋友吗？”

孙佳也对着江水大喊：“我愿意。”

孙佳还问我一个问题：“你会像喜欢杂志一样喜欢我吗？”

我三年如一日地看杂志，被班主任没收过，被语文老师表扬过，也被我妈埋怨乱花钱过。

我说：“当然。那孙佳你会像喜欢三角函数一样喜欢我吗？”

孙佳扭头就走，说：“我不拒绝三角函数，但我嫌弃你。”

8.

高考成绩出来的那天晚上，我打电话给孙佳，询问她的情况。

孙佳发挥失常，没能如愿以偿。

我怕她难过，骑了一个多小时的车去她家楼下。

她始终没有下来，她父母对她期望太高，把她狠狠训了一顿。

她给我发短信，让我回去。

我没有回家，而是去了学校。

我找到我高三的座位，在课桌上刻下了六个字：孙佳，我喜欢你。

后来，孙佳去了上海，我去了北京。我们都不想异地恋，我们在各自远走他乡的那天晚上和平分手，恋爱整整八十一天，九九归一，好像是一场注定。

后来，洛溱溱回国，跟我见了一面。我对当年的事情比较好奇，我问她为何不辞而别。

洛溱溱告诉我，高一的那天晚上，我看到孙佳时的眼神很特别。她从来没有见过我看她有那种眼神，所以有些话就没必要告诉我了。

后来，我们2008级高一八班回学校联谊，我到的时候大家基本都在了。孙佳跟洛溱溱坐在一起，谈得特别快乐。她们看到我的时候，连忙把我叫了过去。

孙佳和洛溱溱坐的课桌正好是我高中三年刻字的那两张。

她们调侃我："你这么不爱护公物，怪不得一直单身。"

我觉得造化弄人，从"洛溱溱，我恨你"到"孙佳，我喜欢你"居然只有一位之隔。

我只是笑了笑，什么话也没说，在她们身后找了个座位坐下。

我想时光最奇妙的地方就在于它是一个巨大的滤网，所有的爱恨情仇经此都会一一筛选，最后只留下最美好的一部分给我们回忆。

而那被时光掩埋的秘密究竟何时揭晓，还是一辈子沉入时间浪潮谷底，却显得不那么重要了。时间在我们的人生做加减法的同时，其实它早就给了我们选择的权利，在选择的那一秒，我们没有遗憾。

就像当年孙佳掏出纸条告诉我如果我还问她这个问题的话，她会答应我。

其实当年我给她的纸条只有两个字：谢谢。

不知是哪个人的恶作剧。

倒也成就了一桩美事。

我还想说个秘密，那天晚自习前，大家在自由读书。一向金口难开的黄鸣宇突然凑过身告诉我：“你给孙佳的纸条被后边的人调包了。”

“他们写的什么呀？”我问。

“不太清楚，我看见孙佳看完纸条时脸颊变红了。”

“嗯。谢谢你了。我知道是什么了。”我说。

这世上一定要有一个在你疲惫倦怠无能为力时能给予你勇气和力气的人，不用说太多，聊的尽是平凡琐事，三言两语可能都是废话。但你知道，你心底那些不为人道的阴郁彷徨能够被照亮。无论如何，一定要有这么个人。晚安。

Part THREE

所有的恋爱都是侥幸

写作以来，我像是谈了一场轰轰烈烈的恋爱，虽然受过伤，但更多的还是开心。如果这世界的所有得与失都概括为得之我幸失之我命，那么你们都是我的侥幸。晚安！

不如我们从头来过

1.

Q小姐告诉我，如果一个人离开你，别问为什么，因为你能想到的所有理由，都是对的。

我吸了一口刚点着的烟，像咽东西似的想将气流吞进肚子里，然后再从鼻孔里喷出来。我看惯了香港警匪片里刘德华吸烟的镜头，觉得帅气十足，而且不难模仿，但就在我第一次尝试的时候，我才明白并非想的那么简单。

很多时候，你不自己尝试一下，就永远不会知道这件事于自己到底有多难。

失恋也是。

我明白Q小姐的意思。

2.

我认识Q小姐是在微博上，Q小姐是我的一个读者，后来有一天，她跑来问我，能不能约我吃顿晚餐，她请客。那时候我已经在学校连续待了一周，心情不是很好，想着出去走走也好，索性就答应了她的请求。

没想到，她把饭局约在了跨年夜。

后来我才得知这不是一次简单的跨年，而是一次躲避，或者救赎。

在我跟她前去世贸天阶的路上，她的手机响个不停。在她N次无动于衷之后，我说，要不你接吧，不然他会打个不停的。

不用猜也知道，打电话的那个人肯定不会是简简单单找Q小姐问候新年，即便是问候新年也只是长时间电波传输的开启页罢了。我说："是你男朋友吗？"

"不是，分手了。"她回答得很干脆。

铭心刻骨的失恋大多难以释怀，往往是一方还在描绘未来版图的时候，却被对方告知Game Over。

这种深情满满与恨意绵绵错综复杂的心境，我是体会过的。我看着坐在我旁边的Q小姐摇下的士的后窗，看了看远处天空的烟花，若隐若现，忽明忽暗。

我想缓和一下气氛，我说："这你忒不厚道了呀，约我出来吃饭原来是在躲避前男友呀。"

Q小姐摇上窗户，满怀歉意地对我说："其实我想把我的故事讲给你听，你看我该怎么办。"

说实话，在微博私信里把我当作情感分析师问我诸如"失恋""疗伤”之类问题的人不在少数，但Q小姐这种以美食诱惑先斩后奏的案例还是头一次碰到。一般情况下，这种问题我不会一一回答，我想她们根本不在乎什么行之有效的措施，她们需要的只是找一个人说说话。

Q小姐的故事并没有什么特殊性，无非是男朋友劈腿后再乞求复合。

Q小姐说，这是他第二次乞求复合了。

我不知道说什么好。我想这种渣男她居然能忍受一次，现在又希望能给自己一个理由原谅他。我想起了《春光乍泄》中的何宝荣。我突然明白，为何何宝荣可以一次又一次毫不顾忌地离开黎耀辉，去外面的世界花天酒地、任性胡来。只是因为他知道，自己总有个地方可以回去，总有个人等他回来。

我仿佛看到了她前男友一副何宝荣的嘴脸：不如我们从头来过。然后Q小姐就跟黎耀辉一样，拥抱“满脸血迹”的他。

我毫不顾忌Q小姐的颜面，我说：“你是想让我告诉你浪子回头金不换嘛，可是他不是第一次回头了。劈腿这种事是可以养成习惯的。”

Q小姐没有说话。

节日似乎只是一个巨大的屏障，它将那些藏有心事的人也置身于一片欢乐之海的浪潮中。它的本意是好的，但在当事人心中，未免滋生出凄凉的感觉来。

外面的烟火继续璀璨在夜空，透着一丝丝的光亮，我仿佛看到了Q小姐泛着泪花的眼眸。

手机依旧在振动着。

3.

到达目的地后，世贸天阶的跨年活动果真如微博中所说的那样——抱歉取消。

我对Q小姐说：“抱着侥幸心理是要不得的。”

Q小姐明白我的言外之意。

她说：“喜不喜欢，合不合适，能不能在一起，根本就是三件不同的事。没办法，我放不下。”

是呀，她说得完全不无道理。喜不喜欢，合不合适，能不能在一起，根本就是三件不同的事。但不可置否的是，时间在静止中消散以后，我终究还是会想起她来。

好像每个人都会有段超级马里奥的爱情，不断地升级打怪，但是总是在半路上功败垂成。我曾经有个海誓山盟的女友，我爱她爱得出格，恨不得钻进她的身体里。她是我的重心，是我的万有引力，是我不可救药的梦想，可是有一天她跑来告诉我——我们分手吧。

“为什么？”我第一反应就是这句话，“我哪里做错了吗？”

经验不足，每个人都是傻子，Q小姐说，是呀，为什么呢，我也这么问他。

可是哪有那么多为什么，喜欢一个人不需要理由，不喜欢的时候什么都是理由，但却什么都不是理由——不喜欢就是不喜欢了。

嗯，问“为什么”的都是傻子。

那天我送Q小姐回到学校，她远远看到她的前男友在宿舍楼下等她。

“他只会这招。”Q小姐没有继续向前，转身对我说，“他追我的时候也是天天早上在我宿舍楼下等我。”

我听出了她的自嘲。

Q小姐并没有回宿舍，那天晚上她带我去她学校附近的咖啡厅坐了一夜。咖啡厅的设施还算人性化，柔软的沙发，古典轻音乐，我忘记了我们聊些什么了，只记得我很快躺在沙发上睡着了。

我醒来的时候，Q小姐已经离开，桌上有张纸条，上面写着：昨晚抱歉，他还是找到我了，我看你睡得很香，就没叫醒你。

我没有半点责怪Q小姐的意思，我也没有半点恨铁不成钢的感慨，相反，我很能理解她，我想她之所以选择带我来这么熟悉的咖啡厅，也是给自己一个机会让前男友找到吧。她无法给予自己勇气不顾一切，但同样无法给自己勇气奋不顾身永不回头。

在爱情面前，爱得越深越是卑微。黎耀辉是卑微的，过去的我是卑微的，Q小姐也是卑微的。好像卑微成了深爱的墓志铭一般，永无翻身之日。

长大的同时，也渐渐明白了一些事理，好像有些人永远学不会轻易放弃与轻易忘记，就算多给一些时间，ta也最多学会闭口不提。我起初很不能理解这些人的举措，甚至有点看不起对待感情哭哭啼啼的人，觉得世界上怎么有这种窝囊废，拿不起放不下舍不得离不开。后来我才明白，情若能自控，除非一开始我们就没有深爱过。

那个后来，就是前女友跟我说分手的后来。

我想我跟Q小姐感同身受。

4.

那天之后，Q小姐告诉我她跟前男友并没有复合。她前男友那天涕泪俱下地跟她讲自己当初的年少无知不懂事，拼命阐述“迷途知返求大人不计小人过”的中心思想。Q小姐听得情不自已，哭得稀里哗啦，末了，她说，我以后不会避着你，其他的事以后再说吧。

我说，复合之日，指日可待呀。

Q小姐并没有反驳我，也没有继续深讨这个话题。她问我，以后还能不能再找我吃饭，算是上次的补偿。我说，只求下次不要重蹈覆辙就行。

她依旧没有理会我的言外之意，但我能够确信——她明白我的意思。

后来我翻看了Q小姐的朋友圈，发现在某日以后朋友圈的内容和频率有着明显的转变。人呐，其实并不善于隐藏自己，他们想方设法不让旁人猜测自己心思的同时却像漏开的米袋般一道道蛛丝马迹堂而皇之地显露在那里。

我看到这么一条朋友圈，大概是Q小姐在KTV唱了一首《蓝宇》：

我知道最终你还是要走的，我一直这么提醒自己。让自己在明天醒来的时候喜欢你少一点，在离开的时候可以轻松一点。

我难以揣测她有没有屏蔽前男友，或是就只是单纯为了让他看到。失恋自古以来是个富有创造性的壮举，有的人失恋以后悲愤书写成了作家，有的人拿起了画笔成就他艺术生涯最伟大的巅峰。

Q小姐的失恋让她瞬间成了文艺青年。

此后她的朋友圈到处充斥着各种类似于微博情感博主的段子，还有市面上各种畅销不畅销的情感书籍。或许她关注我也是失恋后的产物吧。

回忆不能抹去，只好慢慢堆积。岁月带你走上牌桌，偏偏赌注是自己。

Q小姐，你好自为之。

之后的某天，Q小姐告诉我她要跟前男友去青岛旅行了，那是她之前很想跟他去的一个地方，这回她前男友索性先斩后奏买了两张火车票——Q小姐没有拒绝。

后来Q小姐的朋友圈就多了蓝天白云和海滩浪潮，画风完全跟之前的伤感文绉绉大相径庭。有些事还是顺理成章地发生了——尽管Q小姐并没有第一时间告诉我他俩复合了。

我说过人类是不善于伪装自己的。

《东邪西毒》里说，每个人都会经历这个阶段，看见一座山，就想知道山后面是什么。我很想告诉他，可能翻过去山后面，你会发觉，原来没有什么特别。

我很难想象Q小姐此时此刻的心情，她或许早已忘却了之前的诸多烦恼，或许仍然心有余悸，但短暂的欢愉也足够让一些煞风景的担忧被抛到九霄云外。Q小姐还是到微信上告诉我这个在她看来不知是好是坏的消息——我跟他复合了，我想既然不在一起很不开心，何必不在一起呢。

我用假装不知情的语气祝贺她重获新生。

之后她跟我说了回聊，又消失在海浪与爱情的相拥之间了。

Q小姐从青岛回来约我吃了饭，没有带上她男友，她说她经常跟男友提起我，说喜欢我的故事，喜欢那种真爱会再次遇见的故事。

我笑了笑说：“那些故事都是我自己瞎编的，你还信以为真呀。”

她说："我才不管真假，我只知道喜欢我就去争取，即使面临上刀山下火海的危险，我也不放弃。"

她说得好投入，仿佛是深入敌方根据地前的伟大宣誓。又好像一个胜利者的获奖感言。Q小姐那天跟我事无巨细地讲了青岛之旅的来龙去脉，从无到有，从破镜重圆到甜蜜再现，毫不夸张地说，青岛于他们的爱情丝毫不亚于遵义会议在党史中的地位。

5.

我本以为我不会再看到Q小姐一脸沮丧的表情出现在我的面前。

我说的是本以为。

Q小姐还是被"何宝荣"抛弃了，我不知道"何宝荣"还会不会跟Q小姐说"不如我们从头来过"。

不过Q小姐这次似乎并没有给自己留下回头路，她把前男友所有的联系方式都扔进了黑名单。

我们都会遇到这样一个人，ta就像是一直闯不通关的游戏，任凭你多喜欢多用心玩这个游戏， 给它买装备升级，不通关就是不通关，该删除还是删除。Q小姐终于明白了这个道理。

但无可避免的是，她感受到了前所未有的挫折感——就像被世界孤立的废物，齿轮里多出来的一节，拥有着格格不入影响进度惹人厌烦的多余特质，恨不得粉身碎骨不要耽误别人前进的脚步。

起初她并没有告诉我这个悲伤的消息，但是她的朋友圈却再次出现了文艺格调。我给她打过去电话的时候，她已经泣不成声。

我们在学校附近的一家酒吧见面了。她的泪水早已擦拭干净了，她来得比我早，帮我点了水烟和一杯伏特加，自己在喝法兰西之吻。

我刚入座，她就对我说："我现在知道了，如果一个人离开你，别问为什么，因为你能想到的所有理由，都是对的。"

"而那些所有冠冕堂皇的理由，它们有个同样的归属，就是不爱了。"

酒吧里背景音乐不知道是放着西部牛仔的哪首摇滚，周围的人们好像很开心似的，谈笑风生说个不停。我不知道他们是否真的快乐，他们或许拒绝了未知的伤心，而我要帮Q小姐度过这伤心的悠长假期。

其实躲避是没有用的，喝酒也无济于事。这个时候进了死胡同的人们总是伴着无数自责的绝望，需要闭上眼睛好好睡觉，无论睁开是否柳暗花明，只愿梦里不再穷途末路。

我早早把Q小姐送回了学校，自己却在夜色中徘徊。

我想到了自己。

我早已忘记在某天某日或者某街，我开始决定放弃愚公移山的祖训。你这座山我不搬了，我没有愚公的毅力和大智若愚，也不再像他那样对山的另一边充满期待，青春没剩下多少，不值得在没结果的事情上浪费掉。

记忆这种东西往往真的是害人不浅，但总归不是为虎作伥。在那个夜晚，我拼命回忆那些曾经不可诉说的感动，却也只是在脑海中掠起浮光掠影。

真相往往是——时过境迁，情话变得轻薄无味，可当年刺痛过你的那些恶毒的句子和当时委屈的心情，却像刺青一般烙在了你心里。也许它不再疼了，但痕迹依然如影随形。不是非要念念不忘，而是当时太过认真。

我想，Q小姐，做个好梦吧。

6.

没有过不去的坎，Q小姐在她的悠长假期中读了很多之前未曾碰触的书籍，听了很多不曾痴迷的乐曲。她开始发现自己有着不可小觑的文艺才能，她偶尔会在网上发些小段子，会引来很多赞与转发。

她开始习惯那种毫无激情的、不断重复的、再也感觉不到生命力的生活。像盆栽在土里一如既往地翠绿，像溪水冻结再复苏。每一天都有迹可循，每一个变化都可预判。这是大多数旅途的终点，这是我们想要放弃而未能放弃的时刻。这也是最生活的生活。

再也不要花费心思去取悦一个人，也不需要用尽精力去审视一段感情。

至于Q小姐的前男友呢，我一面都没见过。

后来听说他又出现在Q小姐宿舍的楼下了。

“你后来怎么说？”我问Q小姐。

“不如我们从头来过。”Q小姐说。

我可能——无法温暖你，在你自我煎熬的那一刻。我可能即将离开你，在你任性驱赶的那一刻。没有谁一定会留，就像我。也没有谁一定不会走，就像我。晚安。

把我的睡眠还给我

我高三的时候经常失眠，每天看着天花板发呆，那些三角函数圆锥曲线扑面而来，后来高考结束后，我把所有的卷子、教科书以及我迟迟没有送出去的情书付之一炬，我的失眠就莫名其妙地好了，而且是彻头彻尾地好了。从那之后，我就坚信，失眠已经彻底跟我断绝来往了，喜大普奔。

上了大学果真如我所料，既不要自习到深夜，也不要每天吭哧吭哧地趴在桌上没完没了地写着试卷。每天晚上我也不去自习室，通常会先打一盘游戏，然后坐在床头看会儿书，十点不到我就会不知不觉地睡着了。

这种规律没有维持太长时间就被孙菲菲打破了。

孙菲菲第一次找我聊天时，我俩就聊到零点过后，完全忘了睡意，后来看看时间，觉得是时候睡觉了，互道了晚安后才放下手机。

孙菲菲是我的高中同学，同班，但不是同桌。

在我的印象中，孙菲菲是个招蜂引蝶的女生。

我认识的男生中，按对孙菲菲态度的划分，一直保持着三国鼎立的状态。一是对她没有兴趣，不好她这一口或者有自知之明早已死心；二是光明正大地对她表示好感；三是死鸭子嘴硬的那种，明明心里喜欢她但就是死也不承认。我这人一向光明磊落，肯定不是第三种，更不会是第二种，所以我勉为其难地将自己归为第一种。

我说我自己是第一种，肯定会有很多人跳出来反对，我想陈超肯定是举着牌子站在前面高喊抗议的。

我觉得让陈超一直误会我对孙菲菲有非分之想的原因应该从孙菲菲抢了我语文第一的头衔说起。

我高中语文成绩很好，诗歌赏析古文翻译无所不能，应试作文也写得得心应手，是语文老师身边的红人。有次考试孙菲菲意外地在语文成绩上超越了我，虽然只比我多一分，但对我来说是个奇耻大辱，我蝉联多次的单科冠军就这么被终止了。

语文老师自然没说什么，他在课上夸了我跟孙菲菲之后，也没提我的钓鱼台被抢之事。我一向主张固有领土神圣不可侵犯，孙菲菲这次故意挑起战争，而且直接欺负到我头上来了，我不能坐以待毙。我对陈超说，这是赤裸裸的挑衅呀，就是因为我不像那些男生那样对她趋之若鹜吗？

陈超说，喜欢就去追，别找借口！

我一脸无辜，什么嘛，我这是捍卫尊严。

下课后，我找到孙菲菲，我递给她一张纸条，上面写着：接受我的挑战吗？倘若我高考语文成绩比你高，你得答应我一个要求。

孙菲菲看了看纸条说：“什么要求？”

我说：“我还没想好。你不敢吗？”

孙菲菲说：“那你输了呢？”

我说："输了我甘愿受罚，只要不罚钱就成。"

孙菲菲接受了我的挑战，她的同桌就是见证人。

这一幕刚好被陈超看到，我回到座位上的时候，陈超问我："你这情书送得真是趁火打劫呀，心急吃不了热豆腐。"

我觉得我要解释，可是解释就是掩饰，索性按着陈超的意思来。我对陈超说："我这不是趁火打劫，我是乘虚而入。"

陈超拍了拍我肩膀说："路漫漫其修远兮，尔将上下而求索。"

求索的征程索然无味，每天除了在试卷和情书夹杂中自得其乐外，最值得期待的就是看到不速之客对孙菲菲的突然袭击。

时常有外班的学生跑到我们班来找孙菲菲，这事屡见不鲜，大家都已习以为常，但好在各位仁兄的招式层出不穷，倒也给我们枯燥的备考生活带来了一些乐趣。

有一次下午上课前，刚进教室门我就听到几个同学在教室后面叽叽喳喳地议论，等我回头看了看黑板，我才加入阵营，这是谁干的呀，够胆量，但是忘署名了呀。

黑板上赫然写着"孙菲菲，我爱你"六个大字，我们讨论未果。

我说："要不先擦了吧，被班主任看到不好。"

有人反驳，当事人还没看到呢，这事我们做不了主。

等到孙菲菲来的时候，全班所有人的目光都锁定在她身上。

孙菲菲一如既往地淡定，站在讲台上，说："值日生呢，上课前把黑板擦干净。"

孙菲菲是班长，本来这个我不愿提及的，当年竞争班长一职被她以大比分完胜，这事挺挂不住面子的，但是考虑有很多男生见色忘义，世态炎凉，我也不想多说。不过，后来我发现孙菲菲这班长比我当要合适得多，毕竟她任劳任怨，还是得到很多人信服的，而且她才貌双全，给我们增添了不少荣誉。

谁今天值日呀？我心想是哪个倒霉鬼碰到这差事，肯定有好戏看了。

想象画面还没展开却被一旁的陈超给唤醒了："今天你值日！"

我顿时傻了眼，真是冤家路窄，我悻悻地走上讲台，拿起黑板擦在黑板上来回移动，那六个大字随之荡然无存。

孙菲菲对我看了一眼，我做贼心虚似的赶忙躲过了她的视线。

回到座位上后，我有点坐立不安，脑海中一直回放着刚才孙菲菲盯看我的画面。

又不是我干的，我紧张什么？

我在心里暗骂自己，开始担心孙菲菲误认为凶手是我。

陈超看出了我的异样，倒是问得很直接："该不会是你小子写的吧？监守自盗呀！"

我立马否定他的猜测，我说："不是，不过我现在害怕孙菲菲以为是我干的了。"

陈超说："将错就错挺好呀，省得你有心无胆，你应该趁热打铁，不能功亏一篑。"

我觉得我有必要跟陈超陈述一下真相了，免得他成为谣言的发源地。

我说："你该不会真以为我喜欢孙菲菲了吧，不可能，这回你真想多了，我跟孙菲菲只是甲方乙方关系，我跟她有个赌约，除此之外，井水不犯河水。"

陈超也没有问我赌约是什么，只是悄悄告诉我，刚才孙菲菲转身看了我一眼。他叹了一口气，说："看来你这回是在劫难逃了。"

后来我跟孙菲菲也没有发生过任何惊天动地的事，我们的座位相隔两排，我们的班级排名相差二十位，要说我跟孙菲菲的交集，恐怕只有那一场赌注了。陈超没能看到他所期待的戏码，一直心有不满，说我太隐忍太沉得住气，愣是把一场暗恋伪装成了一个无所谓。

陈超说得没错，我一直在隐忍，一直在等待我赢的那天，比起未来的无限遐想，那些力不从心的日子真的无所谓。

当然这事已经过去很久了，陈超也没有再跟我提起过。

我跟孙菲菲聊天谈到高中生活的时候，我只提到了上面的那些。我对孙菲菲说，我俩高中唯一的纽带就是那赌注了。

孙菲菲略带怀疑地问："那六个字真不是你写的呀？"

我立马回复："当然不是。你不会一直以为是我干的吧？"

孙菲菲说："谁叫你当年眼神那么躲躲闪闪，我不怀疑你怀疑谁。"

我说："看来我当年的疑虑是对的，我还真想到你会以为是我故意整你。"

孙菲菲说："那你为何不跟我解释？"

我说："我主动解释岂不是更有理说不清，不过挺抱歉的，因为我的问题，让你错失了一个大好青年，我愿意补偿你。"

孙菲菲说："怎么补偿，以身相许吗？"

我说："求之不得呀。"

我跟孙菲菲的异地恋就是这么开始的，当然严格意义上来说，那时我们还没有开始。

孙菲菲没有对我的“求之不得”做出回应，倒是转移话题说起了那场赌注。

那场赌注，我跟孙菲菲谁也没赢，我跟孙菲菲史无前例地考得一样多，但我们都不是第一名，第一名意外地被她同桌拿去了。

孙菲菲对我说，这个才叫鹬蚌相争，渔翁得利。

我说，所以我们更要同病相怜，互相怜惜呀。

孙菲菲第一次找我聊天后，我并没有对这件事有所期待。但接连几天她都会在相同的时间段给我发来微信，问我在干吗，从那之后，我就觉得我跟孙菲菲可以步入新的世界了。

在跟孙菲菲的聊天过程中，她从星座八卦谈到诗词歌赋，进而谈到人生理想，我也几乎用尽前半生所学配合她，给予她最高深莫测的回答。她显然不是很满意，说我故弄玄虚。她说要是我再不好好说话，她就睡觉去了。我很享受跟她的对话，自然不舍得让她走，所以赶忙道歉，道歉无果后我索性“一不做二不休”，问她有没有心情谈谈恋爱、柴米油盐、计划生育。

她半晌没回复我，我心里很不是滋味，在不停的断开与连接Wi-Fi中消磨一分一秒，企图下一次连接就能看到她的回复。

她的电话来了，她说刚才去洗漱的五分钟里，居然发生了这么多令她意想不到的事情，她有点不知所措。

我说：“现在你的心情是怎样的？如果是开心就继续做朋友，如果是喜出望外就做我女朋友。你选一个吧。”

孙菲菲在电话那头笑得不能自已，她说：“那你认为我是开心呢还是喜出望外？”

我说："独乐乐不如众乐乐，既然你喜出望外了，那我也喜出望外吧。"

孙菲菲沉默了几秒，慢悠悠地说："那好吧，不过我有个问题，你认为异地恋如何维持呀？"

我不假思索地说："靠Wi-Fi维持呀。"

孙菲菲扑哧一笑："不过我很认真地问你呀，异地恋你真的能适应吗？"

我说："既然勇敢相爱，就要勇敢坚持。孙菲菲，有胆量再跟我赌一局吗？"

"赌什么？"

"如果谁先提出分手，就要满足对方一个要求。"

"好，一言为定。"

跟孙菲菲在一起后，我们约定每天晚上汇报生活日常，以及分析身边有没有潜在小三小四出现。有时候分析得头头是道，孙菲菲会故意气我："你看那谁和那谁都对我有意思，你可要对我好点，不然我这一伤心就投入别人怀抱了。"我以牙还牙，列举了几个不相干的女生，虚构了几个妙趣横生的情节，孙菲菲听了直接暴走："你敢！你敢！不要忘了赌约，你敢，我就让你去死！"

以前常听人说异地恋是件极其恐怖的事，什么柏拉图恋爱、精神幻想、互相猜忌，比比皆是。为了杜绝这类现象的发生，我跟孙菲菲达成共同协议，不猜测，不怀疑，努力使自己变好。即便是每日汇报日常，那也只不过是一天紧张生活的轻松片段。

孙菲菲有句名言：相爱，是黑暗中两个各有轨迹的人相遇，并肩行走。如果有一天，道不同，则不再相为谋。

我说，我不希望看到有那么一天，这场赌局注定是个平局。

孙菲菲朋友圈的个性签名不知从什么时候换成了一句我俩心照不宣的宣言：思念的时候相信对方也在思念，等待的时候在相信对方也在等待。

为了能跟孙菲菲见上一面，我开始存钱，然后在节假日翻山越岭去见她，那个时候我知道“翻山越岭却无心看风景”的心情，坐在火车上只想数着时间看什么时候到站。我有时候会给孙菲菲一个突然惊喜，到了孙菲菲的城市后，我才给她打电话，问她这个假日怎么过。她会说：“一个人过呀，你又不会像孙悟空那样翻个跟头就能十万八千里。”每每这时，我就会发给她一个实时定位，她会激动得说不出话来。当然这种浪漫把戏用多了就会被她早早识破，不过她有时候会装作毫不知情的样子，然后闭着眼睛数三、二、一，等我的悄然降临。

因为是异地恋，所以我们格外珍惜在一起的一分一秒。每一次见面都是一场久别重逢，我们尽量把所有不相干的事物抛弃在一边，尽情地享受着二人世界。为了不让外界影响我们，我跟她在一起时，手机永远放在她的挎包里，调成静音。有次晚上回到酒店看到我妈给我打的二十多个未接来电，我对她说：“这事不好解释，只能你帮我了。”孙菲菲说：“这罪不能怪到我身上来，不能落下个跟婆婆抢儿子的骂名。”我拿着手机说：“刚才没来得及录，你再说一遍，我录给我妈听，保证让我妈怒气全消。”

孙菲菲说：“说什么，我忘了，我刚才说什么了？”

我说：“孙菲菲，你忍心看着我被你婆婆骂吗？”

孙菲菲斩钉截铁地说：“嗯，多骂骂才好，不然就知道得了便宜还卖乖。”

在孙菲菲之前，我从来没有想过我能谈这么一场让我爱不释手的异地恋，也没有想过我能将一段异地恋维持很久，而且每天都会以期待更美好的方式呈现。

很多时候，我跟孙菲菲都忘了这场恋爱本身也是场赌局，一场输即是赢、赢即是输的赌局。

这场赌局维持了两年零六个月开始出现赢输落差。在我跟孙菲菲失联的第七天，我决定去孙菲菲那儿问个究竟。

去孙菲菲那儿需要坐动车八个小时，在动车上我想好了很多突击状况的应对措施。倘若亲眼撞见她跟别的男生在一起，我会大摇大摆地走过去给那男生一个耳光，然后理直气壮地命令孙菲菲再扇那男生一巴掌，赌约规定的，我也只是享受胜利者的特权罢了。倘若她告诉我她需要好好想想，我肯定放下豪言壮语，不要想了，我输了，甘愿接受惩罚。

当然我在想这些的时候，都恶狠狠地给自己下了死命令，万一真是如此，千万不要掉眼泪，也不要深情挽留，即使明知道自己输得一败涂地，也要高姿态地走出她的校门。

我见到孙菲菲的时候，她的身旁没有男生，也没有任何可疑人员。我说：“我猜你有话要跟我讲，我特地过来洗耳恭听的。”

孙菲菲是我打了无数次电话才肯来见我的。

孙菲菲说：“我累了。”

我说："你想放弃赌局了吗？"

孙菲菲说："你不要这么幼稚好不好？"

我说："我现在就想知道是不是我赢了。"

孙菲菲没有说话，只是说："对不起，我只是想好好冷静冷静。"

按照在动车上想的方案，我应该放下豪言壮语，一走了之，但是我犹豫了，我从来都不想我赢得这场赌局。我对孙菲菲说："先不要想了吧，我们先去吃饭吧。"

那一次我在孙菲菲那儿没待多久就回来了，回来没过几天孙菲菲就跟我提出分手了。

她问我有什么要求。我说我还没有想好。

孙菲菲说："对不起。"

我说："不客气。是我赢了，你说什么对不起。对了，孙菲菲，你很久没有汇报每日日常了，那些小三小四终究还是出现了。做事就要善始善终，你不介意的话还是说说吧。"

孙菲菲说，之前在知乎上看到一段话，是萧伯纳说的。他说："在地球上，大约有两万个人适合当你的人生伴侣，就看你先遇到哪一个……如果在第二个理想伴侣出现之前，你已经跟前一个发展出相知相惜、互相信任的深层关系，那后者就会变成你的好朋友；但是若你跟前一个人没有培养出深层次关系，感情就容易动摇、变心，直到你与这些理想伴侣候选人的其中一位拥有稳固的深情，才是幸福的开始，漂泊的结束……"

我明白她的意思，我说："这不怪你，只能说是你技不如我，我赢得非常彻底，再见！"

从那之后，我又开始失眠，我习惯性地掏出手机看看有没有人找我聊天，孙菲菲那一栏里始终没有未读消息。

我躺在床上，看着上铺的床板，我跟孙菲菲的点点滴滴开始扑面而来。画面由模糊变清晰，仿佛触手可及。我知道是水月镜花，开始闭上眼睛，不让那些虚无干扰我的睡眠，可是闭上眼睛以后，周围开始静寂无声，我仿佛听到她的欢声笑语，她在对我说晚安，在跟我说每日日常，在跟我说那不言而喻的三个字。

我开始延迟睡眠时间，我把之前跟孙菲菲聊天的时间段用来看电影，什么电影都看，看完一部电影开始睡觉应该刚好可以进入睡眠。可是我每次一闭上眼睛，电影画面开始胡乱闪现，画面中的全是支离破碎的孙菲菲，还有长得神似我的男主角。

为了我的睡眠，我必须找孙菲菲好好谈谈。

我打开微信，问她："在吗？"

她说："在的，怎么了？"

我说："我想好让你为我做什么了。"

她说："好呀，只要力所能及，我肯定遵守承诺。"

我说："你可以的，这东西又不花钱，又不犯法。"

她说："什么呀？"

我说："把我的睡眠还给我。"

我对孙菲菲说：“我不着急，但是你最好快点兑现诺言。”

一年之后，孙菲菲还是没有兑现诺言，但是我的睡眠已经重新回来了，孙菲菲也在我的世界里消失了。

在这一年时间里，很多人关心起我的失眠症，问我之前有没有这样的毛病。

我说：“有，高中毕业之前。”

“后来怎么好了？”

“我把那些卷子呀情书呀都烧了。”

“情书？给谁的呀？”

“哦，不瞒您说，原本是要送给孙菲菲的。”

也没有多爱睡觉，只是喜欢那些自由自在的梦，也没有多爱你，只是喜欢和你在一起时，我的样子。

晚安。

如果可以不停相爱

1.

失恋总喜欢胡思乱想，失意总喜欢一醉方休。倘若失恋和失意碰巧相遇，那就是要出人命的事儿。

大川独自醉酒不省人事倒在饭店被人送去医院，好在大难不死。我们去医院探望他的时候，都齐刷刷地呐喊："大川不死，必有后福，桃花运滚滚来呀！"

大川前段时间失业，公司裁员，一不小心把大川给裁了。大川嘴里他奶奶的骂着，拳头攥得像个石头，跑到老总办公室想理论一番，结果到门口怂了，心想万一这么一闹一毛钱都拿不到，岂不是赔了夫人又折兵。大川只能收拾收拾卷铺盖走了，末了，在门口吐了一口，说道："他奶奶的，此处不留爷，自有留爷处，下次请我我都不会来！"

大川回到家本想给一个暗恋多时的姑娘打电话，大川曾信心十足地告诉我们这个姑娘他现在十拿九稳，收入囊中基本上是板上钉钉的事了。电话拨了很久也没有人接。大川心想她可能这会儿在忙，没看到电话，过一会儿她应该会回电话过来。大川先去洗了个澡，想着洗完澡约姑娘去吃个大餐，庆祝自己脱离苦海，说不定能成就一桩美事。大川越想越兴奋，洗个澡也哼起了曲子，完全忘记了被人炒鱿鱼这遭。

大川洗完澡，看到手机有个未读短信，连忙解锁一看，神情突然间就变了。短信是姑娘发来的，内容很具有杀伤力：我刚跟我男朋友逛街，没听到手机响，有事吗？

大川傻愣了很久，被人炒鱿鱼的“往事”又浮现眼前，心里越想越酸楚，立马回了短信：没事，不小心碰到了。

发完短信后都没顾上换鞋就摔门而去了，结果就在经常去的串吧喝到深夜，那家串吧生意特别红火，一般凌晨三四点才打烊。大川喝到串吧里就剩他一个人的时候，串吧服务员问他能不能自己回去。大川没有回答。服务员又大声问道：“你行不行呀！”大川反应过来，嚷着嗓子，喊道：“行！谁说我不行！”结果一起身一个踉跄就栽倒在地，后来就被送到医院。

2.

这故事的完整版还是大川的女朋友后来跟我们讲的。

大川的女朋友就是那个服务员，那天我们赶到医院探望大川的时候，她就坐在大川的床头给大川洗脸。我们都很好奇，没忍住直接问大川，这位是谁呀，有点眼熟。

大川摸着自己后脑勺，说："怎么说呢，你们应该见过的。不过你们不要瞎想呀，朋友而已，要不是小白，我可能就挂了。"

我们都齐刷刷地呐喊："大川不死，必有后福，桃花运滚滚来呀！"

我们激动得把小白给忘了，这时小白开口说话了，满脸通红："你们好呀，我在串吧当服务员，之前大川常带你们去吃饭，我都见过你们的。"

我们这才想起来，纷纷不好意思地问候道："你好啊，你好啊，这次多亏你了，不然就没人带我们去吃串了。"

大川倚靠在病床上，像个少爷似的，开始保护救命恩人了："人家小白内向，你们就不要开人家玩笑了。等我疗养几日，出院后请你们跟小白吃饭，庆祝我福大命大！"

3.

大川出院后再也没有提过之前那个姑娘，我们也很默契地配合他。之前的公司又给他打电话让他回去上班，说什么裁员名单被人事部拿错了，他喜出望外，完全忘了当初在公司门口放下的狠话。

大川的生活又恢复了正规，似乎与之前并没有什么两样，只是他出院之后跟小白走得很近，我们有好几次打电话给他叫他出来吃饭，他都试探性地说：“不介意多带一个人吧。”不用猜我们都知道是谁，我们取笑他：“你真打算以身相许，报答她的救命之恩呀！”大川在电话那头急得变结巴，说：“你们胡——胡说什么，八——八道什么！”

小白工作基本在晚上，这也难怪，串吧都是晚上生意好。她一般凌晨四点回去睡觉，下午去上班。所以要是大川想见她，只能在中午约她出来吃饭，或者他直接打着吃串的旗号去串吧探班。

有次，大川去探班的时候，恰巧碰到一位顾客在那儿无理取闹，小白被训得不敢吱声，眼泪嗖嗖地往下流。大川看到了之后立马走过去，把小白拉到自己身后，冲那位顾客道：“一个大男人喝个酒，也不能把气撒在一个姑娘身上呀！”

大川刚准备转身带着小白离开，一不留神就被那顾客一记拳头打在脸上。结果可想而知，两人扭打在一起，众人赶忙去拉架。大川鼻青脸肿，小白看着心疼，抚着大川的脸说：“疼吗？对不起，要不是因为我，你也不会……”

大川哪见过姑娘为他哭呀，那瞬间他的心立马就化了。大川说：“哭什么嘛，我不是好好的嘛。我帮你跟老板请个假吧，你看今天都这样了，我去把损失赔了，老板应该不会说什么的。”

大川带小白回到家，小白帮他用酒精消毒，一边用棉花球轻轻擦着，一边用嘴吹伤口。大川有点不好意思，身体不由自主地往后躲了一下，小白看了下大川，慢慢低下了头：“大川，这是我第一次来男生家，今天要不是我，你也就不会受伤。你不用不好意思，我帮你消完毒，立马就走。我知道自己配不上你。”

“我不是这个意思。”大川也不知道该说些什么。

小白没等大川说完，继续说：“其实你第一次来串吧喝酒那会儿，我就注意到你了。那天你穿着一件红色的T恤，特别醒目。那天你的几个朋友随后也都来了。”

“我……”

“大川，你先听我说完。后来每隔几天，你都要过来。你好像特别喜欢吃蜜汁辣翅，有一次你点了变态辣翅后，尝了一口一个劲儿地喝啤酒，辣得要跳起来，后来我给你拿了一瓶橙汁过去问你要不要，你欣然接受了，还对我笑了。”

“小白，我，其实我……”大川欲言又止。

“大川，本来我就只想远远看着你的。如果不是那天你喝得不省人事了，我也没奢望会认识你。大川，谢谢你，谢谢你带我认识你的朋友，这些日子我很开心，也很满足了。”

大川想说话又说不出来了，他看着小白转身要走，手脚哪里需要大脑使唤，本能地就从后面抱住了小白。

“小白，我喜欢你，你不要走，我这个人不太爱说话，你不要生我气了！”

4.

大川跟小白正式在一起后，小白就住进了大川的家。但是小白跟大川提出了一个要求——在一起一年内都要分房睡。大川觉得这个要求一点也不过分，二话不说就答应了。

后来我们知道这事之后，都骂他真是个好男人。大川说："小白是个好姑娘，我会好好待她。我想帮她重新找个工作，毕竟当服务员也不是个长久的事儿。"

"没文凭找工作挺难的，再说，我们都不知道她有没有念过书什么的。"我们都觉得这事挺难的。

"小白是初中毕业，你们帮忙也找找，看看有什么合适的，比服务员有前景的，算是哥们儿求你们了。"

后来，大川又做了件疯狂的事，他打电话过来说他要让小白参加成人高考，要给小白报辅导班，自己下班后回家也跟她一起学习。

我们都以为他只是嘴上一说，后来我们晚上给他打电话让他老地方见。他在电话那头说："哥们儿，对不住了，我在家陪小白学习呢。这一年我戒酒戒烧烤了。"

我们都认为他疯了，疯得不只是一点点。我问他们："你们说大川这事靠谱吗？"他们都说不值得，不值得嘛。我也这么想的："为了一个萍水相逢的姑娘这样，包她吃喝还给她报辅导班，还连哥们儿都不见了。"

我怕大川被骗，连忙托人找了份编辑的工作。我打电话给大川，说：“别说哥们儿我不帮你，我帮小白找了份编辑的工作，小白的情况我也跟那边说了，人家愿意给小白一个机会，先实习一两个月看看，实习也有工资，你看行不行？”

大川说：“我心想让她好好准备考试的，所以工作就暂时不需要了吧。哥们儿，谢谢你了哈。”

我说：“你现在就把小白叫过来，你看她意向如何，这个机会也挺好的，她可以白天上班，晚上去上课。你不能死脑筋，再说考试也不是特容易的事，万一一年计划泡汤了呢？”

大川听了听觉得也蛮有道理，就问小白怎么想。小白听了大川告诉她有份编辑的工作，连忙抢过电话，跟我说了三声谢谢。原来小白上初中那会儿，成绩不算差，语文还考过班上第一呢，以前她还想过将来靠写文章赚钱，后来家里发生变故，家里没有钱供她念书，她只能出来打工，也顾不上写文章了。

她觉得编辑的工作离她的梦想又近了一步，哪怕只是个实习，哪怕可能暂时都碰不到书稿的策划，只能做些帮忙校正的工作。但是即便如此，她工作得都依然特别认真，她生怕她放过任何一个错字，她生怕因为自己小小的过失而错失这份工作，她显得格外努力而又小心翼翼。

5.

由于小白踏实勤奋地工作，她很快就转正，成为了一名真正的编辑。

转正的那天，她很开心，她打电话给大川，说是要请大伙儿吃饭。

吃饭的时候，我们都对她表示祝贺，尤其是大川，笑得合不拢嘴。我们都拿大川说事：“你看人家小白多努力，大川你不能就天天上班下班，把当初的梦想给忘了呀。”

小白有点好奇了：“没听过大川讲过什么梦想呀，你们快说，他最想做什么呀？”

大川扫视我们一圈说：“陈年旧事了，我大学那会儿一直想做服装设计师呢，但是大学学的是计算机，后来毕业成为IT一族，工资还行，我也知足常乐了。再说我都好几年不动画笔了，也没真正学过什么服装设计，怕是有心无力了。”

小白这时端起一杯酒转向大川，深情凝望着他说：“大川，我支持你，以后晚上回家，我学我的，你学你的，我们比赛看谁先如愿以偿。”

我们几个单身狗坐在那儿看不下去了，我代表发言：“得了，你们继续秀，爱情力量真伟大，以后哪天你们都美梦成真了，我一定要把你们的事迹写下来，激励后人！”

小白说：“要是我跟大川都实现梦想了，我肯定会写这个故事的，我们看谁写得感人！”

“为什么冒出感人这个词？”

“爱情跟励志不是一向都感人肺腑的嘛！”

“这倒也是！让我们为感人干杯！”

6.

我说过爱情的力量是不容小觑的，后来大川还真开始学起服装设计。其实说句真心话，大川当IT有点屈才，也不适合他。他虽然笨拙，但骨子里透着浪漫，浪漫是种艺术细胞，搞设计必不可少。我们大学看过他画的草稿，虽然我们是门外汉，但真心觉得不错，当时我看过之后立马对他刮目相看，没曾想他还有这一手，真是文理兼备，有点“箫剑”的味道。后来为了追一个姑娘，我还求他帮我给那姑娘画一幅，然后借花献佛，顺带把著作权都一并借了。姑娘被我骗到手之后才知道真相，跟我冷战了一个礼拜，最后想想反正木已成舟，生我的气没用，这才罢休。

我说这么多，无非想说，在我眼里大川实现梦想的可能性要高于小白。尽管我知道小白是多么努力，可这世界上很多事光靠努力是不够的，有时候天赋也很重要，更别说其他什么更不公平的因素了。

但是出乎我意料的是，一年之后，小白通过了成人高考，而大川依旧是那个大川。

知道小白如愿以偿还是无意间刷到她朋友圈看到的，那时候小白跟大川早就分手了。

小白说过这故事得感人，感人的东西从来都不是一帆风顺的。小白一语成谶。

是小白跟大川提出分手的，但这件事的罪魁祸首却是大川。

那一阵子，小白突然发现大川好几天下班不回家吃饭了，给他打电话说是最近公司特别忙，经常加班。小白一开始也不觉得异常，有天她寻思着可以炒几个菜给大川送过去，怕他因为工作顾不上吃晚饭。到了大川公司，小白发现他们部门早就下了班，询问了前台后才知道这几天大川公司根本就没加过班。

小白回到家之后发现大川还是没有回来吃晚饭，给他打过去电话，电话那头无人接通。没过多久，小白就收到大川发的短信，说是加班，可能要晚点回去。小白知道有些事还是发生了，跑到房间里哭了很久，等到大川回来的时候，她强忍着眼泪，装作毫不知情的样子，对大川说："你饿不饿，要不要我帮你煮碗面？"

大川说："不用，有点累，先睡吧。"

接连一个礼拜，小白都当作什么事也没发生，直到最后大川良心过不去，才对小白坦白。

原来大川之前说十拿九稳的那个姑娘又回头找大川了，一开始接到她的电话，大川不想接，但那边接连打了几个，大川没忍住还是接了。姑娘约大川出来吃饭，大川如约而至，姑娘在大川面前倾诉往事与痛苦遭遇，讲得泪流满面，大川招架不住，只能给予关怀。姑娘每天都邀请大川陪她吃晚饭，说什么一个人在家吃晚饭怪冷清的，不习惯。大川的心就这么开始动摇了，像个天平一样，左右摇摆，最后直接落在姑娘那边了。

大川跟小白如实招供后，一言不发，只等着小白宣判。

小白这回没哭，她问大川："你喜欢她吗？"

大川犹豫了下，点了点头。

小白说："好。我们分手吧，大川。我也不记恨你，谢谢你这几个月对我的照顾！我行李早就收拾好了，就等你亲口告诉我答案。我无数遍告诉自己也许只是个误会，我自欺欺人过，但现在你告诉我真相，我没有留下来的必要了。"

小白说完就回房间拖着行李箱出来，她把钥匙交给大川。

大川没有去接钥匙，小白直接把钥匙放在门旁的鞋柜上，然后拖着沉重的行李箱走出了门外。

大川没有追上去，他此时此刻也不知道自己究竟应该做些什么，他傻愣在那儿，一动不动。

后来，他给小白拨过去电话，电话响了很久没有人接，再拨过去的时候小白已经关机了。

7.

第二天晚上，大川又把我们一行人聚集到了一起，我们有点意想不到。看到小白没有前来，我们都很纳闷，该不会是嘴馋了，偷溜出来的吧？

大川说："是嘴馋了，偷溜出去被发现了。我跟小白分手了。"

大川把事情的来龙去脉一五一十地告诉了我们，那天他一个劲地给自己灌酒，不管我们怎么劝都无济于事。

我问大川："你知道小白去哪儿了吗？"

大川摇了摇头："其实我现在很担心她，我知道我对不起她，但是我从来都不想伤害她。"

我说："别怪哥们儿不给你颜面，我现在直接问你，这两个，你想要哪一个？"

大川没有回答，他斟了一杯酒一饮而尽后，醉醺醺地看着我，游离的眼神飘忽不定，仿佛在告诉我他自己也不确定。

第二天，我给小白部门的负责人打电话问了情况，小白一大早请了病假，说是休息几天以后过来上班。

我把情况告诉了大川，让他不要担心，末了，我对他说："你先把你自己安放好，再来决定担心谁吧。"

这件事情我对大川有些失望，即便是好哥们儿也不偏袒，大川在这件事上的所作所为跟他给我和众人的印象完全大相径庭。不管是那个姑娘还是小白，我都希望大川能当机立断，不要左右摇摆。

大川还是选择了那个姑娘，他没有去寻找小白，也不曾去小白工作的地方找过她。

大川说："我不想再伤害她了。我没有能力坚守我对她的诺言，我已经伤害过她一次了，就不想去打扰她了。"

我没有再说什么。

那个姑娘并没有搬来跟大川住在一起，貌似是大川拒绝的，大川说那个家里住着一个回忆，他不想有人现在就去乘虚而入，取而代之。

8.

后来，小白通过了成人高考，她在一年后也跳了槽，只是还在北京，具体在哪家公司，我没有去打听，因为我认为大川也不会想知道小白在哪儿了，因为他要结婚了。

大川的父母对那个姑娘很满意，商量着早点结婚，成家立业。

两年以后，大川结婚了，我们哥们儿几个在大川的婚礼上尽兴狂欢，最后就只剩下我们几个跟大川夫妻二人。我们喝得已经天昏地暗，心里有什么话都统统倒出来了。

我说：“大川，你当年对小白可真够狠的！”

大川说：“我觉得我已经浑蛋一回了，不能再浑蛋一次了。我不想拖泥带水，对两人都不好！”

“哦，你后来知道当好人了！”我有点为小白打抱不平，“结婚都没有请她过来，毕竟这么多年了，应该释怀了。”

“我给她寄请帖了，她没过来，倒是寄了封新婚贺词给我。”

“你居然知道她住在哪儿，你怎么打听到的？”

“我寄到她单位上的，她现在不混出版圈了，改混传媒了。她再也不是之前那个小白了。”

“哎，当年我还以为你会在她前面实现服装设计师的梦想呢，没想到，大川，你就是个孬种，你太让我失望了。”

“说实话，我也对自己很失望。”

我们说了很多，但是第二天醒来我们全部忘记了，只记得我们最后举杯说了句“新婚快乐”，然后什么不愉快的事都一去不复返了。

9.

少时听人说，当你不能够再拥有，唯一能做的就是不要忘记。如今却觉得，忘记也无妨。看着大川的生活是圆满的，有再多的往事都不值得一提了。

也许人生就是用来盛放情感的容器，时不时清空，不失为一种轻松。反正总是在这条路上走，一场场的花宴盛事，该来的，躲闪不及，要走的，无可挽留。

是啊，要走的，无可挽留，该来的，躲闪不及。

那些“凭什么”“为什么”“值得吗”都不重要了。花开花落、云卷云舒、聚散离合、阴晴圆缺，全世界都不知道那个人会不会在你身边，也不知道那个人会不会回到你身边。

可是小白回来了，这回她风风光光地回来了。

那天，我开车途经西单图书大厦，看到滚动字幕：欢迎新晋作家百川携新书《如果可以不停相爱》来西单图书大厦举办签售暨新书发布会。

当时感觉到有什么东西突然进入眼球，但也确切说不出什么，回到家时这种感觉还没有消失。

我连忙上网搜了这个百川到底是谁，无意间看到一个记者对百川的采访。

记者：“百川老师，想请问您一下，为什么一个女作家会起这么个男性化的笔名？”

百川回答：“有一句诗叫作‘百川东到海，何时复西归’嘛，我原名姓白，后来就索性取这句诗的前两个字做笔名了。”

记者：“那有什么特殊含义吗？”

百川：“试图回归吧，也是一种对自己这几年努力的肯定。讲个秘密吧，我之前有个男朋友，他的名字就含一个川字。”

记者：“所以，百川，其实是白川是吗？”

百川（微微一笑）：“可以这么理解。”

……

我连忙跑到最近的书店买了本《如果可以不停相爱》，我突然想到了什么，疯狂地一页接着一页地翻。

直到我看到了小白给大川的新婚贺词。

根本就不是什么新婚贺词：

刚和你在一起的时候，我也开始尝试着写些动人的情话给你，但是写了很久都写不好，最后我只写了三个一起：内衣和内衣晾在一起，手和手牵在一起，名字和名字刻在一起。

我不会说美好的情话，我只想和你在柴米油盐中走过每一天。

我这个人可能没什么出息，一辈子就只能做两件事：等你和跟你在一起。你有没有发现心无杂念这个词好浪漫呀，心无杂念是用来形容我正在想你。晚安。

所有的恋爱都是侥幸

所有的朋友中，我最喜欢阿旭，因为他跟我一样，偏执而又放荡，求而不得，得而不惜，是个痴心汉，也做过人渣。

阿旭大学的时候喜欢过一个女生，喜欢得不得了，想尽一切办法接近她。

这女生我认识，但我不喜欢，也不愿在阿旭面前提起，姑且叫她那谁吧。

阿旭一开始跟那谁走得很近，约那谁出去玩、一起吃饭看电影、一起压马路，那谁都很少拒绝。

有天在宿舍门口我刚好碰见约会刚回来的阿旭，他笑容满面，我问他，进展挺顺利的嘛，有没有表白。

阿旭说没有，不过他信心十足。他告诉我一个道理，其实两个人在一起最幸福的时候，是还没在一起的那段暧昧时间。等在一起了之后，很多感觉再也不会像当初那么强烈那么心动了。

我说，这是为啥。

阿旭说，隔着一层窗户纸，一星半点都会以为是星星满天。

我说，感觉挺奇妙的，不过生米煮成熟饭才更有案例价值，旭旭加油！

之后的某天晚上我跟阿旭从外面吃饭回来，席间也谈到阿旭跟那谁的事，大家吃得都很欢快，一路上说说笑笑，都对阿旭的事有迫切希望。

突然不知是谁先停住了脚步，说，前面那穿裙子的不是那谁嘛。

我们看到那谁跟一个男生牵着手在我们前面走着，气氛一下子尴尬起来。

阿旭不说话，眼神里处处是无奈和悲伤。

我说，我们绕路走吧，有可能是误会，你有机会问她一下。

我不知道阿旭后来有没有去找那谁问个究竟。

这成了一个秘密，从那以后我们几个再也没有在阿旭面前提起过那谁。

阿旭也不再联系那谁，那谁倒是有几次深夜找过阿旭聊天，阿旭都没有回复，到了第二天早上，他才给那谁回复："不好意思，昨晚睡着了，有事吗？"

那谁发现自己多次自讨没趣后，也就没故技重施。

我对阿旭说："这事你做得太好了，我真觉得她男朋友好可怜，摊上这么个女朋友。"

阿旭自嘲说："追了她一年多，我真痴情。"

说这句话的时候，佳佳已经出现了。

佳佳是我和阿旭的学妹，也同时是我跟阿旭两个部门的干事。

我第一眼看到佳佳的时候，我就心想这学妹身高，只有阿旭可以驾驭得了。

我跟阿旭说："我们部门有个学妹，特别适合你。"

阿旭跟我说："我们部门也有个学妹，我感觉也很适合我。"

我说："我给你看她朋友圈。"

阿旭也掏出手机，要给我看学妹的朋友圈。

结果一看，我俩笑了，说的是同一个人。

阿旭跟佳佳在一起的时候是十月份，当时开学还不到两个月，那个时候我跟前女友也在一起了。我的前女友刚好是佳佳的同班同学。

那段时间我跟阿旭经常被同学黑，说我们下手极快，学妹刚没来几天就被我们给骗了。

我对阿旭说："咱俩下手还是有点快哈。"

阿旭说："一见钟情没办法，主要是人格魅力势不可挡哈。"

我说："你说你还是我？"

阿旭说："我俩都是。"

我一听，觉得顺耳，就跟阿旭讲了我跟我前女友在一起的经历。

阿旭听完，觉得没啥新意，就给我讲了他的。

说真的，阿旭跟佳佳的表白比较欠揍。

那天吃过晚饭后，阿旭带佳佳去对面学校散步。

阿旭对佳佳一本正经地说："佳佳，我现在有件事想跟你说，我要退部了。”

佳佳说：“退部是不是跟我有关系？如果是的话，我想退部的应该是我。你是部长，退了太可惜，反正我刚进部门不久，没什么大不了的。”

阿旭点了点头。

后来两人就牵手了。

后来两人谁都没退部，不过他俩在部门会议和部门活动时都很低调，没有惹来非议。

有时候我在学校路上遇到他们，看到佳佳靠着阿旭一路走着，就会跑上前去损几句：“你让我说你们什么好，大白天的扭在一块，热不热？”

佳佳说：“不要吃不到葡萄嫌葡萄酸，你家那位呢，是不是扔下你不管了？”

我说：“我跟我家那位走的是可持续发展道路，不会整天腻歪在一起，她不喜欢，我也不喜欢。”

佳佳说：“哦，我家旭也不喜欢，但是我喜欢，你不要羡慕嫉妒恨。”

我说：“旭呀，你都不管管她，她现在都没大没小了，都会酸部长了。”

阿旭笑了笑：“当初不是你一个劲地撮合嘛，现在她翻脸不认人了吧哈哈。”

我说：“你俩沆瀣一气，我势单力薄，等哪天我家那谁在，再跟你们理论。”

没有等到这个机会，佳佳跟阿旭分手了。

分手那天，佳佳给我打电话，说辜负我美意了。

我说："什么美意？"

她说："我跟旭分手了。"

说完，她就在电话那头泣不成声。

阿旭当晚找我吃饭，我告诉他："佳佳给我打过电话了，她说她放不下你。"

阿旭说："我总觉得她捆绑我太紧了，我需要空间。她越想约束我，我越想挣开枷锁。我想只有分手，我才会知道我想要的是什么。"

我不能理解，总觉得分手有一万个借口，其实不过是不爱了。

我问阿旭："你觉得你是好人吗？"

阿旭说："不是。"

我说："那就好，我就喜欢你这点，知道自己是个浑蛋还理所应当。我也是。"

阿旭说："你怎么了？"

我说："没怎么，我只是觉得你俩没有结束呢。"

阿旭说："随缘吧。"

阿旭跟佳佳复合是在那个寒假后，佳佳一直没有忘记阿旭。

假期结束后，佳佳开始缠着阿旭，时不时地对阿旭说："学长，陪我吃个饭呗；学长，陪我散个步呗；学长，陪我看个电影呗……"

直到后来，佳佳对阿旭说："学长，陪我谈个恋爱呗！"

阿旭说："谈过了不是吗？"

佳佳说："再谈一次呗，又不会要你的命。"

阿旭说："好呀，可是我有个前提。"

佳佳说："什么前提？"

阿旭说："暂时不要告诉那谁。"

这里的那谁是我，佳佳明白阿旭的意思，他怕我损他，但我并不这么理解。

阿旭后来跟我谈起这段的时候，我问他："你应该不是想说这个吧。"

阿旭说："是呀，我想说的是让她要比爱我更爱自己。我知道万一我重蹈覆辙，她一定会崩溃。我很喜欢她，但也没有办法控制自己。我需要爱情，也需要自由，她不太会权衡。"

阿旭跟佳佳的第二段恋爱开启后，他们的经历我知道的很少，佳佳没有告诉我，阿旭也没提及。因为那个时候我跟前任分手了，整天不见人影，阿旭很难见到我。

知道他们复合的时候，他们的恋爱已经接近尾声。

那天吃过晚饭，我跟阿旭去机房上机实验，阿旭接到电话，出去了一会儿，又回来，一直待到晚上十一点。

刚出实验楼的时候，我看到佳佳坐在台阶上，对阿旭说："怎么回事，佳佳在这儿等你吗？"

阿旭没说什么，让我先走，他有事要跟佳佳说。

后来的故事都是阿旭告诉我的，那天晚上他回来的时候，我正在睡梦中。他给我打电话，说是让我陪他去酒吧坐一会儿。

我迷迷糊糊醒来，问他怎么回事。

他说，他跟佳佳又分手了。

起初我很惊讶，我说："你俩什么时候和好的，我居然一点都不知道。"

阿旭说："这不是重点。今天晚上，我不是接到一个电话嘛，是她打来的，她让我下去陪她，我说我在做实验没有时间。本来她应该回家的，但是你也看到了，我们出来的时候，她还在台阶上等我。"阿旭接着说，"我真的觉得这个没有必要，她给我造成的压力太大了。我无法想象她坐在台阶上等了四个多小时。这段时间我越来越觉得，我越是对她好，她想得到的就越多，最后恨不得每时每刻都要见到我，知道我在干什么或者让我放下一切陪她。她越是逼我，我越是排斥，我越来越不想见到她，最后我真的忍受不了了。重蹈覆辙不代表我不喜欢她，而是我觉得她爱我的方式我接受不了。"

我说："这些她知道吗？"

阿旭说："我不止一次跟她提过，但是她说她也控制不住自己。"

我没继续问他，这是我从未遇到的命题，只能陪他在躁动的音乐中喝着烈酒，企图第二天醒来就会忘记这一切。

而当我想起跟佳佳说一些无关痛痒的安慰时，我发现她早已把我拉黑了。

阿旭后来告诉我，佳佳把他们两个的共同好友都拉黑了，当然也包括阿旭自己。

我说："拉黑也好，眼不见为净，阿旭，说到底，这件事的罪魁祸首还是你。"

阿旭说："她现在肯定恨死我了。"

佳佳早已退出了我跟阿旭所在的部门，在学校里遇见我们也假装不认识。

我对阿旭说："真是城门失火殃及池鱼，害得我也成了坏人，每次见到她看我的眼神，我都感觉是我伤害了她似的。"

阿旭说："一丘之貉，她恨我们是对的。"

我想反正跟佳佳也没什么交集，被她无视就无视吧。

佳佳消失在我们的世界以后，又出现了一个学妹，比我们低两级的学妹。

这个学妹同样是既加入了阿旭的部门，也加入了我的部门。

学妹喜欢阿旭，这事是阿旭亲口告诉我的。

我对阿旭说："三思而后行呀，阿旭，毕竟你已经糟蹋过学妹两回了。"

阿旭说："去你大爷的，你不也是，还有脸说我。"

我说："我跟你不一样，我是两个，你是两回。"

阿旭说："五十步笑百步，我才不管别人怎么看，我跟着感觉走。"

我说："嗯，我也是。但是跟着感觉走只会误入歧途。"

阿旭还是跟那学妹在一起了。

我没有发表任何言论。

学妹知道我跟阿旭的关系，所以有时候会跟我打听阿旭的想法。

我说阿旭没啥想法，就是要用最正确的方式去爱他，不要爱他爱得让他喘不过气来。

学妹不解，说："他特别喜欢自由，是吗？"

我说："相对占有绝对自由，你不要搞反就行了。我告诉你哈，你的前辈们都是死在‘相对自由绝对占有’上的，他受不了这个。”

学妹说：“嗯，我会努力的。”

看到学妹发过来的“努力”二字，我不禁有点心酸。阿旭呀阿旭，当年那个努力爱你的佳佳已经一去不复返了，希望你这次能有个美好结局。

这段恋爱不温不火地维持大半年后，阿旭跑来找我，对我说：“这几天，我做梦都梦到佳佳。我发现我心里爱的那个人还是她。”

“那这个学妹呢？你不是跟她在一起挺好的吗？”

“我跟她在一起这半年里，没有做过什么越轨的事，平时里也不见她，我怕跟她重蹈覆辙，但是越到后来，我发现我把她当作了另外一个佳佳，以至于有时候我突然冒出一句，佳佳，对不起。”

我说：“如果你真的这么觉得就当机立断吧，省得越拖伤害越大。阿旭，得不到的永远在骚动，被偏爱的却有恃无恐，你真的确定你喜欢的是佳佳吗？”

阿旭点了点头，他说他要把佳佳追回来。

我说：“既然如此，我会帮你，但也是最后一次跟你‘狼狈为奸’了。”

阿旭想追回佳佳，并不件容易的事。

佳佳把阿旭的微信、QQ、手机号全拉黑了。

阿旭只能借手机给佳佳打电话。

一开始佳佳接通电话还问你是谁，听到是阿旭的声音才挂电话；后来阿旭再用别人手机给佳佳打电话的时候，佳佳都不会先说话了，只要听出对方是阿旭，就毫不犹豫地把电话扔在一边了。

阿旭问我怎么办。

我出了个主意："你给她发邮件，把你想说的话发给她。虽然她不一定会回复，但起码她能看到。"

阿旭说："她会不会拉黑我的邮箱？"

我说："这个可能性比较小，因为这个她可以置之不理，也可以心情好了看一下你这个傻逼发什么了，选择权全在她，你只有守株待兔的份。"

阿旭听了觉得很有道理，也就照做了。

后来我帮阿旭厚着脸皮约佳佳出来见面，佳佳不知道是阿旭见她，我对佳佳撒了谎，我说我需要写英文简历，只能找她帮忙。

佳佳一开始没有答应，后来我软磨硬泡，她终于同意来见我。

我带她去了学校附近的咖啡厅。

佳佳问我，改个英文简历，找个教室就好了，为啥要跑那么远。

我说，教室不让讲话，我这简历挺难改的。

佳佳也没再问什么，她不知道阿旭就在后面跟着。

到了咖啡厅，点了两杯拿铁后，我对佳佳说，我先去趟洗手间，等会儿回来。

我给阿旭打电话让他上去好好说，自己躲在楼梯口观察动静，随时待命救场。

佳佳看到阿旭出现在她眼前时，立马拿起包就往外跑，阿旭在后面跟着。

我也只能跟着。

一直跟到学校，阿旭冲到佳佳面前说："佳佳，对不起，我知道我错了，希望你能再给我个机会。”

佳佳怒了，对阿旭吼道：“你以为你是谁，你真的把我当作你招之即来挥之即去的玩偶吗？你错了，我不想再见到你了，求你以后别再骚扰我了。从现在起，你也不要跟着我了，希望你自重！”

阿旭站在一旁，没有说话，他很想去抱住佳佳，但却被佳佳躲过了。

佳佳愤怒离开的时候，阿旭一下子坐在了地上，我赶忙跑过去。

我说：“精诚所至金石为开，你不能气馁。”

阿旭说：“我没有气馁，也没有生气。我现在终于明白之前她在楼下台阶上等我时的无助和绝望了。不管她是在报复我还是真的不想见到我，我都会等她的。我不会再打扰她，但我会等她伤口愈合，百毒不侵，我再把她追回来。”

我觉得这是场征途，一场单枪匹马的斗争。

之后的日子里，阿旭还是不停地给佳佳发邮件，佳佳也从来没有回复过。

阿旭把以前跟佳佳在一起拍的照片做成了影集，托人送给了佳佳。

阿旭告诉我，每张照片后面都有他跟佳佳说的话，如果佳佳不会将照片从薄膜里拿出来，就永远不会知道这里面的秘密。“我在等她有一天不经意想起我时，她会翻开那些照片看看，也许她就会原谅我。我在等这一天。”

我瞬间觉得眼前这位男生好可怜，我仿佛看到了当年的佳佳。

我不知道这个故事该如何结束，它真真实实地发生在我的生活中，却又是那么无可奈何。

等，无非两个结局：一是心灰意冷，二是冰释前嫌。

有时候我想，爱情到底怎样才算是圆满的结局，是在一起吗？是结婚吗？我觉得都不是。

爱情就像小时候玩魂斗罗那样，它通常是一个人的单机游戏，如果能碰到那个愿意陪你一起玩的人已是万幸。他若走得快，你跟不上他的步伐就会出局；他若走得慢，你不等等他，他也会出局。想要一起走到终点，除了不断地升级打怪外，还要时时刻刻为对方着想，携手共进，才能看到未来。

我希望这是个案例故事，你我不再重蹈覆辙。
所有的恋爱都是侥幸，愿你是个幸运儿。

喜欢是假的，爱才是真的。爱是假的，珍惜才是真的。你不在的时候，我经常想起你我在一起的那些日子，太阳晒在脸上的温度，走过的某一条路，道路两旁摇曳的树影令人晕眩，记不起说过些什么话，也可能没说话，好在回忆可以剪裁，可以添砖加瓦，可以重复体验那些发生过的，甚至是没发生的故事。晚安。

我喜欢过你，从此无人像你

1.

不知是谁说过，凶手和恋人都喜欢事后重返现场，果真不假，他来了，何子钦。

那天我被闺蜜拉着陪她去西单shopping，她刚分手几天，据她所说是她主动提的，分手原因不详。按理说她不是被甩的一方，理应如释重负一般，但瞧她这几天的举止，不大对劲。之前她每天早上起来都活蹦乱跳地去化半小时的妆，然后穿着一身风尚航标的服装走到宿舍楼下。她那玉树临风的男朋友早已在那儿等候多时，她倒是不紧不慢，嗲嗲地问道："你是不是等了好久了？"

说句良心话，我们宿舍其他几个姑娘连同我都为她那玉树临风的男友（哦，不对，应该是前男友）打抱不平过。特别是冬天，那小伙穿着一件风衣在楼下冻得直哆嗦，我那亲爱的闺蜜还在洗手间画着眼影、抹着Estee Lauder。

时过境迁，我那亲爱的闺蜜自从分手后，就再也不踏出宿舍半步，每日三餐并一餐，一个苹果一杯酸奶，憔悴得不像人样。我们怀疑过她好面子——应该是被男友"勒令退学"。但看她每日茶不思饭不想的黛玉模样，不禁起了怜悯心，都默默帮她圆了谎，个个闭口不提玉树临风男。

没过几天，她就“病情好转”。那天她又在洗漱间鼓捣了半晌，终于容光焕发地站在我面前，像问候男朋友一样对我说：“小菲菲，陪我去逛街好不好，我不要整天待在屋子里了，我要重见天日，杀对方个片甲不留。”我一时心软，答应了下来。

2.

后来，我就收到了何子钦发来的信息。

“你最近有空吗？我想和你吃顿饭。”

我没理他。当时闺蜜在大悦城Esprit挑选战袍，我两手帮她拿着战利品，根本没机会去回复他——滚蛋。

他接着又给我发来信息：“我只是觉得我们是时候坐下来好好聊一聊了。之前的事我很抱歉，但请你给我一个机会当面跟你道歉。”

我想回复“心领了，大可不必”，又觉得有点过于礼貌，干脆回复“你是谁”好了，但是我那亲爱的闺蜜依旧在试衣间磨叽，我腾不出手来。

这时候手机铃声响了，是何子钦打来的。我想还是等到“无人接听”好了，毕竟“您拨打的电话正在通话中”不太像一个大大咧咧的女汉子所为。我方菲菲好歹也是巾帼英雄一枚，运动会上拿过百米冠军，大一那年也得过专业奖学金。我方菲菲文武全才，怎么能被一个电话吓到。这该死的亲爱的闺蜜呀，你怎么还不出来。

手机铃声消停了几秒后，再次响了起来。我管不了那么多了，我把闺蜜的大包小包放在墙角，准备去接电话。我那亲爱的闺蜜是个缺心眼的主儿，倘若被她发现我把她的宝贝们扔在地上，非杀了我不可。我想我应该快点结束这通电话。

我向右滑动了接通选项，那个久违的声音再次出现在我的耳畔。

“方菲菲，你是在忙吗？”

“额，没有，我在陪闺蜜逛街呢，刚才没看手机，有事吗？”

“哦。没什么事，我想约你吃顿饭。”

“我这闺蜜最近失恋了，我得陪她，恐怕没时间。你是有什么事吗？”

“我只想约你吃顿饭，没有别的意思。方菲菲，我想你不会连这个机会都不给我吧？”

“可我……”

他打断我的话：“方菲菲，我是诚心来约你吃饭的，如果你还放不下那段过去，你可以拒绝我。”

TM的，我一个文静的姑娘不想爆粗口，但他这招也太绝了，我只能说：“渣男，你还是一如既往的自恋呀，时间地点，你待会儿发短信告诉我，我这陪闺蜜逛街呢，先不说了呀。拜拜。”

我赶忙挂了电话，我知道我自己的作战水平，在何子钦面前，我根本不值一提。我跟他就不是一个作战级别的，但他曾经误入我的世界，而且，把我打败了。

3.

何子钦曾是这个世界上最爱我的男人。

说这句话的时候，我一点也不心虚，他跟我说过我是他上辈子上帝欠他的礼物，这辈子终于兑现了。我也相信，他的确爱过我。

那会儿，他会在学校主马路的十字路口跟我偶遇，然后故意装作看不见我的样子，想跟我撞个满怀。他坏极了，他在球场上打球，一看我就故意把球扔到我身后处，然后对着我喊道，美女，能把球扔过来吗？我从来都不搭理他，在同伴的嬉笑声中，他兴高采烈地绕到我身后捡球，然后走过我的时候会故意运球转身远投，一次都没有进过，他还找借口——美女你在这儿影响我运球的磁场呀，你看它总是不愿落在篮中，非要往你这边蹦。没办法，有时候我也不想被他逗笑，但是我还是笑了，“怪我咯”。

他追我的时候，在我舍友眼里，他并不是头号种子。我那亲爱的闺蜜曾经把那些对我无事献殷勤的男生按照排名一一编了号，他排第五，中等名次，不是热门选手。排名依据是我闺蜜制定的，好像是按照家庭背景、相貌和人品的加权值，我那亲爱的闺蜜将家庭背景放在了首位，所以在她眼里，我应该给隔壁院那位一身土豪气的男生priority。

我拿我亲爱的闺蜜没办法，幸亏那阵子她那玉树临风的前男友也在对她紧追不舍，她没空管我的破事，一门心思跟她前男友出去约会，我倒是耳根清净了不少。那时候，我根本就没想要谈恋爱，学校的十佳比赛，我在学生会的宣传部忙得没空吃饭。作为部长，我一向雷厉风行，干练果断，从来不拖泥带水。那个时候的我，就是他们口中的“女强人”，他们说的一点也不假，虽然我不喜欢别人这么叫我，但是无法否定他们说的话。

那天何子钦出现在会议室门口时，我刚跟部员开完会，海报还要继续修改，没有丝毫创意。我坐在椅子上，让部员赶快去吃晚饭，自己对着电脑屏幕上的海报发呆。他走进来，轻声对我说：“还没吃饭吧，先吃饭吧，我帮你改。”我一脸惊悚的神情望着他，说：“你怎么在这儿？”

他打开便利袋，里面有我最爱吃的牛肉咖喱饭，还有我最爱吃的麦旋风，以及一瓶几乎我每天都会喝的味全。

“你怎么知道我爱吃这些？”我很惊讶。

“我问了你舍友。”

“你认识我舍友？”

“我一个朋友在跟你舍友谈恋爱……”他好像想继续说些什么，但却没有说出来，他看着我电脑屏幕PS界面，继续说道，“你吃饭吧，我帮你改下海报。”

我那该死的肚子不争气——我把位置让给了他，自己坐在一旁津津有味地吃了起来。

我吃完饭的时候，他已经把海报修改成另一个模样了，不过它让我有了耳目一新的感觉，我对他说：“没想到你还是个技术控呀。”

他得意地回答我：“你不知道的事情还有很多呢！”

那一刻，我开始觉得他跟球场上那个坏透了的少年有点不一样，我说：“谢谢你的晚餐，最近在减肥，这个麦旋风，你帮我吃了吧。”

他贫嘴的毛病又犯了：“谢娘娘赏赐，奴才告退。”

4.

闺蜜从试衣间走了出来，看到她的宝贝在墙角可怜地并排列着，立马叫出声来：“方菲菲，你是不是想死呀你！”我赶忙回过神来，立马笑脸迎接她的教训：“我亲爱的闺蜜大人，是不是可以走了？”

我闺蜜大人眼睛倒是贼得很，她看到我手机显示栏上亮着信息，一把抢过我手机看了看，立马做出心灵导师状：“我跟你说哦，这个好马不吃回头草，好了伤疤不要忘了疼，你可千万不要中计呀。”

我连忙夺回手机，说：“你现在怎么弄得跟情感专家似的，是不是重新审视了自己的爱情，发现自己对前男友太好了？”我故意在“好”上加重音。

“你说什么呢，你可不许胡说，我跟我那谁是和平分手好不好，你不要胡思乱想。”

“你之前不是说你跟他提的分手吗？”

“总之事情很复杂，我不想说这个，我现在在帮你出谋划策！”

“我这事情也很复杂，咱们先不管他们，先去吃比萨去。”

我那亲爱的闺蜜除了热衷八卦外，吃是她最大的嗜好了。所以为了让耳朵免于灾难，我索性拉她去了必胜客。

这时，何子钦给我发来短信：明天晚上7点，我在你宿舍楼下等你，我们去吃你最爱吃的水晶烤肉，不见不散。

我想给他回复什么，“好”还是“嗯”，想了想，编辑了“OK”又删了，最后发过去两字：已阅。

说实话，当年何子钦追我并没有花太大的力气。我对待感情就跟做事一样，从不扭扭捏捏，所以在何子钦接二连三请我吃饭看电影后，我劈头问他："你到底想怎么样？本姑娘没空天天陪你吃饭看电影，你有话快说，有那啥快放！"

何子钦被我突如其来的彪悍惊愣住了，我转身要走，他一把拉着我的手，说："你能不能做我的女朋友？"

"我如果说不能呢？"我说。

何子钦把我抱在他怀里，说："你不能也得能，除非你能在三秒内逃开。"

何子钦果然是坏透了的男生，关键时候还是采用了强硬措施，当然我并不反感，因为这是我想要的答案。

我说："好吧，我认输！"

5.

我跟何子钦在一起后，宿舍里炸开了锅，我那亲爱的闺蜜说我脑袋进水了："何子钦有什么地方好，除了长得还算一表人才，会打个篮球辩个论，他有什么地方值得你喜欢的？"

我反问她："你说的那些我就很喜欢，其他待发掘。"

闺蜜被我气得半死，彼时的她已经把玉树临风男驯得服服帖帖。玉树临风男是何子钦的一个朋友，后来我听何子钦说，玉树临风男多金，颜值又高，人品又好，是不可多得的好男生。

我故意气他："要不是他被我那可恶的闺蜜捷足先登了，你小子哪有机会得到老娘的芳心。"

他以牙还牙道："你说真的呀，我帮你跟他说，我不介意，咱们互换下，我看你那闺蜜挺可爱的。”

我反而被他气得半死：“你想多了，我那亲爱的闺蜜看不上你。”

他哄姑娘开心的方法真是对我的口味，他会说：“世上哪有人敢跟我家菲菲比呀，至少在我心中。方菲菲同学是独一无二的，你说，是吗？”

我当然不要脸地回答他：“是，你说得对！”

何子钦有时候也会对我的无理取闹不理不睬。比如，有时候我突然间想到有很长时间没有去吃海贼王主题餐厅的火锅了，我会先斩后奏地订好位置，然后给他一个惊喜，但是他并不露出半丝喜悦，因为他那天晚上刚好要赶一篇课题报告。何子钦的学习成绩很好，而且他辅修了双学位，到了大三，他的课程表几乎是满满的。还有，我后来才知道的，何子钦修双学位是为了我，他的第二专业就是我的第一专业，他说有次我跟他抱怨中级财务会计搞得我头疼，那时候，他就做好了修双学位的准备。

但是不管怎样，何子钦最后还是跟我提出了分手。

我还没来得及问他高级财务会计怎么算，他就提前宣布了我的死刑。

分手那天，我给他送去了精心准备的水果盒，他在自习室复习着待考的专业课。我站在自习室门口，给他打电话让他出来。

他出来的时候，语气很不好地问我：“你怎么不去自习呢？”

可能语气是正常的，但跟我所希望的喜出望外截然相反，我很失落，也很生气：“给你送吃的，全是我自己削的皮，削了那么久，你半点好话都没有。”

“我真的是最近很忙，你应该去做些正经事，不要每天到处闲晃。”

自从跟他在一起后，我把他看成了我的重心。大三的时候我退了宣传部，课也不多，所以经常出去逛街，顺带帮他买些吃的，我这人不爱学习，所以自习室也很少去。

我说："你如果嫌弃我是个学渣，那你就找个学霸呀！"

他说："方菲菲，你能不能不要无理取闹！"

他很少叫我全名，我意识到事态的严重性了，但是作为一名女生，尤其是具有隐形女强人特性的女生，我是不会"低三下四"道歉的，我想大多数女生这时候跟我想的应该一样——我要证明他是爱我的，我想他是爱我的。

我把水果盒砸向他，转身离开。我在暗自祈祷，何子钦你最好追上来抱住我，何子钦你是爱我的！

可是他没有。

我听到他愤怒地将水果盒扔进垃圾箱，然后走进了教室。

我无法再回头找他道歉，尊严不允许，眼泪不允许，甚至我在想，我哪里做错了，凭什么我要跟他道歉呀！

那时的我不知道，有些事在不恰当的时间发生就是错误，而且它可能具有毁灭性的威力。

我给我亲爱的闺蜜打电话，让她来接我。

她带着玉树临风男出现在我面前时，我脸上的眼泪还没有干。

"哎呀，菲，何子钦欺负你了！"

我听了这话，眼泪又夺眶而出了。

我亲爱的闺蜜护短本领高超，她立马命令玉树临风男："你一定要让你的兄弟过来跟我家菲道歉，不然你就不要来见我了！"

玉树临风男果然把话带到。何子钦当天晚上打电话来："方菲菲，我们分手吧。"

我赶忙挂了电话，一头钻进被窝里，恨不得立马昏睡过去。

我想我要早点睡着，可能一觉醒来，他会给我发短信道歉，然后抱着一大束玫瑰在楼下等我。

可是，第二天醒来，我翻遍了短信微信，甚至微博，都没有任何“对不起”的字样。

6.

那天吃完比萨，我跟闺蜜回到学校。经过宿舍旁的小花园时，我那倔强的闺蜜突然失声哭了起来。她说：“我知道自己错了，我不该那么任性，也不该自私。可是我爱他呀，我以为他是会爱我的，他是会永远包容我的，但……”

她给我看了玉树临风男发给他的最后一条短信：我喜欢过你，从此无人像你。保重！

何子钦跟我分手时什么都没留下，只是那通电话，后来再无其他。他比玉树临风男决绝得多，当我看到玉树临风男给我那闺蜜发的短信的时候，我在想，何子钦是不是想跟我说同样的话。

我无从得知。

但是我忽然想起某个瞬间，在一个终于找到理由说服自己的早上，我看着镜子里面的这个姑娘，说：“再也不要喜欢上他那样的男孩。”

可是那个男孩现在又回来了。

我不知道我跟他的结局会是怎样。

但我可以确定我不会去喜欢他那样的男生。

也许他除外。

每个人年轻的时候都会遭遇一次奋不顾身的爱情，我们自以为是，以为爱情是永恒的守恒，拼命地证明自己爱与被爱着，却没有发现在我们考验爱情的同时，那时间划过爱情留下的裂痕也在日积月累地增大，不知哪天就会摔下，落个面目全非。

后来，在那人事已非的碎片里，只留下两个曾经相爱的身影。

有些事这辈子只会做过一次，有些人这辈子只会爱过一回。

我说，我在等我的不将就。你说，从来没有人逃脱过，时间和新欢。愿你我是个例外。晚安。

Part
FOUR

我的探险终点是和你一生的相濡以沫

情话从来不是玩弄文字、堆砌华丽无实的辞藻。最好的情话都是简短又戳人，让闻者面红心跳小鹿乱撞恨不得以身相许。我记忆中最美的三句是“这世界上最短的咒语是你的名字”“你就在我身边可我还是忍不住想你”。而最动听的那一句只短短三个字，却每一声都能把人心底砸出个花，完全失去抵抗力。

保证书

1.

我高中有个同学，姓蔡，大家都喜欢叫他阿菜；后来他毕业当了刑警，我们改叫他菜Sir。

阿菜有个女朋友，名字叫娜娜，就是《听说你还在打听我的下落》中的娜娜。阿菜当年追她可是费了不少功夫，又是情书告白又是围追堵截，软硬兼施、死缠烂打，终于抱得美人归。

阿菜跟娜娜在一起没几天，我们几个就收到阿菜的短信，短信里什么都没说，就让我们“老地方”集合。

“老地方”是家烧烤店，我们几个从高中就开始在那儿侃大山谈梦想，上了大学后见面机会越来越少，我们约法三章，每年至少两次“老地方”见，不见不散。

当时正好放寒假，我们收到短信后一头雾水，连忙拉了微信群做了简单谈论后，断定阿菜情路坎坷，立马奔赴拯救他。

我们到的时候，阿菜就在那儿一个人喝着闷酒，串看样子还没来得及烤上。

“阿菜，这咋了？人逢喜事精神爽，也不能天天喝酒庆祝呀，这不前几天刚聚完吗？”C荣笑着说。

阿菜盯着C荣看了一眼，C荣赶忙闭了口，说：“你喝，喝得差不多了再跟我们讲。”

阿菜一边拧开啤酒盖，一边骂骂咧咧：“她大爷的，晚上跟她聊天睡着了，第二天醒来给她打电话就不理我，还说我追到手就不在乎了。”

我们几个在一旁听得哈哈大笑，阿菜气不过，说：“别笑，叫你们过来不是让你们看笑话的，都给我坐下陪我喝。”

我对阿菜说：“女生都这样，都希望男生在乎她。你得哄着她、让着她，千万不要她一无理取闹你就干脆不理她了。阿菜，我跟你讲哈，女生越是无理取闹呢，越是在乎你，越是希望你在乎她。”

阿菜一听，立马放下酒杯，皱着眉毛对我说：“你说她是假装生气，试探我的？”

一旁的首富、C荣、查大爷都不约而同地点头说：“阿菜，你开窍了。”

“那现在怎么办？给她打电话？”阿菜问。

“直接发语音、发短信，把你道歉的诚意和知错就改的态度及决心简单粗暴地展示给她。”我说。

“最好发语音吧，短信看不出语气。”一旁的首富说。

“看来首富非常有经验哈！”查大爷对首富露出神秘的微笑。

“保持安静，不能让娜娜知道我搬了救兵，不然得说我自我反省意识太弱。”

我们都不说话，默默在一旁玩手机。

阿菜说了三段语音，言简意赅，语气中是沉甸甸的歉意与忏悔。

“娜娜，昨天晚上是我的错，我一不小心睡着了，以后再也不会犯类似的错误了，我保证以后都等到你跟我说晚安我才睡。”

“娜娜，你说我把你追到手就不在乎你了，我看到这句话既开心又伤心，开心的是说明你很在乎我，伤心的是你之所以这么认为肯定是我没有让你有充分的安全感，我很想让你体会到拥有全世界的感觉，你不开心我也不会快乐。”

“娜娜，我爱你，等你的气生完了，告诉我一声，我想那时候你肯定饿了，我带你去吃你最喜欢吃的糖醋排骨。”

我们在一旁听得心力交瘁，纷纷捂住耳朵，这是闹个冷战都要虐死单身狗的节奏呀。

娜娜很快就回复了，说：“谁要跟你说晚安！谁生你的气！谁要吃糖醋排骨！我减肥！你明天早上陪我去吃小馄饨吧！”

阿菜笑得合不拢嘴，把手机凑到我们面前展览，我说：“拿开，我不看，单身狗誓死捍卫尊严！”

这只是第一次，后来阿菜也慢慢掌握了类似问题的解决办法，也不需要兴师动众叫我们集合了。

2.

大四寒假的时候，娜娜突然要跟阿菜分手。

阿菜把这消息发布在群里，问我们怎么办。

我们都说不出话来，平时鬼点子最多的C荣也没有给出方案。

我只好问阿菜："为什么要跟你分手呀？"

阿菜说："不知道，可能是要毕业了，看不到希望吧，毕竟我在北京，她在上海。"

我说："你不是一毕业就要分配到苏州了嘛！"

阿菜说："还没定，我也没跟娜娜说，万一最后不是，怕她失望。"

我说："如果娜娜没有移情别恋的话，那应该是毕业分手症。毕业面临各种各样的压力，如果看不到希望，不如一刀两断。"

阿菜说："你也认为分手是对的呀！"

我说："那倒不是。我只是从娜娜的角度看待问题，我觉得这是你们爱情的一道坎，你想跨过它，必须告诉她你所有的计划和想法，最好孤注一掷，让她觉得你是下定决心不想失去她。"

阿菜说："我毕业想回南方就是为了要跟她在一起呀，老子这辈子就是她在哪儿我的心跟到哪儿，现在我的人也要跟到哪儿。"

之后我们就开始商量第二天的拯救爱情计划。

我们决定把地点放在KTV，C荣负责一早就去开个大包间，我跟查大爷负责烘托气氛，首富的女朋友风筝是娜娜的闺蜜，负责把娜娜接到KTV来，阿菜负责准备台词和道具。

任务分配后，我们还意犹未尽，大家争先恐后地分享臆想中的各种感人画面，还教唆阿菜，一定要拥吻十分钟以上，少一分钟请我们吃一顿饭。

第二天醒来的时候，窗外白茫茫一片，夜里下了大雪。

“瑞雪兆丰年，是个好兆头！”C荣在群里说。

“雪那么厚，交通不便，大家路上注意安全。”首富在群里友情提醒。

“嗯，不管怎样，阿菜终身大事要紧，按原计划进行。”我说。

“拜托大家了！成功的话晚上搞个庆功宴；失败的话，你们请我吃饭安慰我吧。”阿菜发了语音，大家听了干劲十足。

下午一点的时候，我们在KTV会合，但迟迟不见首富。

首富负责接她女朋友和娜娜，难不成娜娜那边出了问题，难不成娜娜知道我们的计划了？我们在那儿七嘴八舌地猜测着，气氛有点紧张，阿菜还在KTV外来回踱步背着台词。

我们给首富打电话，首富告诉我们，风筝给娜娜打电话没人接。

“妈的，千算万算，忘了女主角这一茬！”我们快要暴跳如雷，看阿菜进来了，立马稳定情绪，不让他看出异样。

阿菜问我娜娜怎么还没来，我对C荣他们使了个眼色，告诉阿菜首富跟风筝已经接到娜娜了，正在来的路上，可能路上积雪过多，有点交通拥堵。

阿菜松了口气，指着我们帮他拟定的台词稿说：“那我接着出去排练了哈。”

阿菜出去后，首富打来电话，说找到娜娜了，娜娜前几天生病了，现在还在医院挂点滴。首富问我要不要告诉阿菜。我说，事到如今，只能告诉了。

我把这个消息告诉阿菜后，阿菜立马对我说：“你跟他们先在这里玩着，我去医院。”

我对阿菜说：“我跟你一起去吧，万一有什么突发状况，我还可以帮你，反正C荣、查大爷都在这儿，首富他们过来也能找到人。”

阿菜同意，我们赶忙跑到电梯口。

到医院的时候，阿菜就打听娜娜在哪儿，最后终于在输液处看到了娜娜。

阿菜走上前去，对娜娜说：“好巧呀，你也在这儿。”

娜娜有些惊讶：“你怎么来啦？”

阿菜抖着手里的台词稿，说：“检查报告，跟你一样，身体不好，好像缺了个东西。”

娜娜有些紧张：“你怎么了，我就小感冒，你缺什么东西了？”

“缺你呀，”阿菜凑到娜娜身前说，“娜娜，你说要跟我分手的时候，我整个人就像被掏空了一样。我知道你在担心什么，以前追你的时候，你走到哪儿，我跟到哪儿，现在也是，将来也是，你要相信，这是不会改变的。我别的本事没有，脸皮倒是厚得很，死缠烂打一路尾随绝不放弃。只要你在我身边，我哪儿也不想去，就算会短暂分开，我也会回来找你，因为我知道你在等着我，我也知道我不能没有你。娜娜，我向你保证，我永远都不会丢下你一个人，我保证今生今世只爱你一个，我保证就算你白发苍苍，你依然是我身边那个可以撒娇的女孩。娜娜，你还记得我们在三亚发的朋友圈嘛，男女搭配，干活不累，他们都说我俩不在一起就会祸害人间，为了世界和平，我们两个注定要在一起。”

娜娜感动得哭了，眼泪夺眶而出，周围的人也开始小声议论："你看人家男朋友多好，跟人家学学。"我在一旁看着，无比欣慰，单身狗都为这一对鼓掌了。

后来娜娜挂完点滴，我们就一起赶到KTV，我事先通知那边：拯救计划已经成功，到了KTV大家装作什么都没发生，引吭高歌就好。

透过后视镜，我看到娜娜搂着阿菜，笑容满面，幸福四溢。

我说："不能把自己的快乐建立在别人的痛苦上哈，要考虑考虑别人的感受。"

阿菜说："行了，晚上请你们吃饭，你不看不就行了。"

"好，我不看。"刚把后视镜移开，他俩就从肢体秀恩爱到语言秀恩爱了。

娜娜对阿菜说："你哪里生病了，严重不？"

阿菜说："没事，我也是小感冒，就是你跟我说分手那天晚上抑郁成疾的。"

娜娜不信，说："你把那检查报告给我看下。"

阿菜说："真没事，那些东西也看不懂，什么血小板血大板的，你不信你可以问居然。"

我赶忙配合阿菜："娜娜，阿菜真没事，本来我俩就准备去配个药，后来阿菜说见了你就好了，药都不用配了。"

娜娜说："没事就好，对了，差点忘了，风筝之前给我打电话，说让我去一起唱K。"

我说："对，首富安排的，我们现在不就是去那儿吗？！"

我们唱K的时候，首富风筝组合跟阿菜娜娜比赛唱情歌，让我们剩下的几只单身狗打分。人生第一次不愿意做裁判，那种滋味真是不好受，我跟C荣他们商量都不要让他们及格，挫挫他们的锐气。

考虑到是阿菜的主场，我们宣布阿菜娜娜获胜，得分59分。

风筝不乐意，说阿菜唱走调了，首富唱得多深情。

我们说："友谊第一，比赛第二，你们幸福快乐就好，我们这群单身狗会祝福你们的。"

说完这句话我们就后悔了，这两对又比赛看谁接吻时间长了。

啊，待不下去了，我们几只单身狗强烈呼唤，赶快去吃庆功宴，不想看他们互吃了。

3.

毕业后，阿菜如愿以偿回到了苏州，当了刑警，娜娜也在苏州找到了工作。

阿菜每次出警之前都给娜娜打个电话，说："娜娜我爱你。"

有时候也只是去犯罪现场勘查或者抓个小偷之类的，但有的时候是去抓捕杀人犯或者贩毒人员。

阿菜第一次派出外省抓捕逃犯的时候，娜娜哭了，她在电话里求阿菜不要去。

阿菜说："这是命令，也是职责，我必须去，放心吧，我会回来的。”

阿菜去的第三天，娜娜在新闻里看到一条消息，说是警察在抓捕歹徒的过程中被歹徒杀害，娜娜仔细看了出事地点，刚好是阿菜派出任务的地方。娜娜一下子慌了，给阿菜打电话，电话那边响了很久也没人接。

娜娜给阿菜发微信，也没有人回复。

娜娜给风筝打电话，哭个不停，她在电话里说她联系不上阿菜了。

风筝只好让首富帮忙联系，首富也联系不到，把这事告诉了我们，我们都开始担忧起来。

到了半夜，阿菜出现在微信群里，说了句：“让你们担心了。”

我刚好没睡，我说：“娜娜可急坏了，你赶快安抚她去，我们这儿没事。”

那次之后，阿菜每次出警之前，都要给娜娜写保证书。

是娜娜要求的。

保证安全回来，保证会一直在她身边。

如果是临时任务，来不及写的话，就要发短信给她。

娜娜说，这是信仰。

而在出警前，阿菜会一如既往地对娜娜说娜娜我爱你。

阿菜说，这是真理。

信仰也有崩塌的一天，娜娜受不了这种担惊受怕的生活了，娜娜让阿菜辞职，希望他换个职业。

阿菜不同意，他说他喜欢这个职业，当警察是他一直以来的梦想，他对娜娜说，其实大多数情况没什么危险的，而且他会保护自己的。

娜娜听不下这些苍白的保证和梦想，她脑中想的只是她跟阿菜平平安安，不希望有朝一日醒来就会看到保证书，也不希望听到那句特殊的“娜娜我爱你”。

娜娜搬出去的时候，阿菜没有拦她，紧接着他就去执行任务了。

阿菜给娜娜打电话，没有人接听，阿菜照旧给娜娜发了保证书。

那次任务圆满完成后，阿菜给娜娜打电话，那个时候娜娜就已经在大理了。

娜娜对阿菜说：“我要出来散散心，想明白会告诉你答案。”

阿菜说：“你不要想了，我答应你辞职。”

娜娜说：“你不用急着给我答案，我也没想好我到底要的是什么。”

下关风，上关花，苍山雪，洱海月。

娜娜在朋友圈发了这个状态，她说，好希望可以和一个人安安稳稳地过完这一生。

刷到这个朋友圈的时候，我给阿菜打了电话，问他是不是又发生什么事了。

阿菜说他正在候机，回来跟我说。

第二天，我就看到他俩在朋友圈发了五个字：结婚保证书。

下面一张图片，两人拿着一张A4纸，上面密密麻麻写着字。

就像《我的野蛮女友》结尾处车太贤和全智贤扮成高中生去酒吧一前一后出示身份证的模样。

只是他们俩一前一后出示着结婚保证书，对着洱海，更显得春暖花开。

我们都在底下评论："又来了！"

阿菜没有辞职，娜娜说既然是梦想就要坚持，娜娜支持他。

关于大理的故事，我们还是在每年一度的"老地方"才得知全貌的。

阿菜赶到大理的时候就给娜娜一个措手不及，他单膝下跪跟娜娜求婚，苍山洱海，风花雪月，娜娜答应了她。

求婚的时候，阿菜拿出的不是戒指，而是一张A4纸。

阿菜说："这是你第一次要跟我分手时，我去医院看到你时拿的检查报告。其实我一直有隐疾，一直自私不肯告诉你，怕你离开我，我就会死去，现在我念给你听：

娜娜，你说要跟我分手的时候，我整个人就像被掏空了一样。我知道你在担心什么，以前追你的时候，你走到哪儿，我跟到哪儿，现在也是，将来也是，你要相信，这是不会改变的。我别的本事没有，脸皮倒是厚得很，死缠烂打一路尾随绝不放弃。只要你在我身边，我哪儿也不想去，就算会短暂分开，我也会回来找你，因为我知道你在等着我，我也知道我不能没有你。娜娜，我向你保证，我永远都不会丢下你一个人，我保证今生今世只爱你一个，我保证就算你白发苍苍，你依然是我身边那个可以撒娇的女孩。

娜娜，跟我结婚吧，这是结婚前的保证书。你愿意收下它吗？”

在所有的爱情故事中，他们好像在学习着同一个课程——如何爱你才能甜而不腻。没有参照物，没有葵花宝典，我想和你从诗词歌赋谈到计划生育。晚安。

好久不见

这个故事是我做的一场梦。

故事的主角就是故事的讲述者，一个年过古稀的老人。

老人家里只有一个人，一对儿女都在大城市安家。老人不喜欢城市的喧嚣，相比那繁华的大都市，他更喜欢恬静的村庄。儿女们也拗不过他，只能每年不定期地回来看望他。

老人丧妻已有二十五年之久了，老人没有再娶，只是从此以后便每天坚持在一个破旧的本子上记录着什么。

老人没有给任何人看过那个本子。

老人退休后待在这个村庄已有十多年了，老人没离开过这村庄半步。

四月的某一天，老人突然收拾好行李，没有谁清楚老人去哪儿，村里人都以为他是想儿子了，去儿子那儿了……

老人没有去儿子所在的城市，他坐飞机来到了北方的一个大都市。

在这座城市，他度过了他难忘的四年大学生活，他在这座城市工作了十几年，他在这座城市遇到了他的妻子。

老人的妻子就安葬在这里。

老人首先去的是他的母校。

老人走在学校的主马路上，道路两旁依旧是两排高大的树，老人至今也不清楚这些树的名字。老人缓缓地踱着步，身边经过一对牵手赶去教室的情侣，脸上洋溢着满足的幸福笑容。

老人微笑着看了看他们，他们也很礼貌地回应。

在老人的记忆里，春夏之际的母校是最美的，就好像此时他所见的一模一样，树叶泛着碧绿的晕，夕阳下的校园显得格外静谧，这是在这座大学城难能可贵的静，静得使人都陷入深思，似乎在叩问你的灵魂与自觉，无时无刻不在提醒着你的内心、你的忠诚、你的坚持、你的信仰、你的梦想。

老人的眼角泛起了泪花。

第二天，老人穿了一袭黑色装，来到了老伴的墓碑前。

老人对着墓碑说：“老婆，好久不见。”

老人掏出了那个破旧的笔记本，一句一句地念给老伴：

那时我还没有褪去贪玩的脾性，大学刚毕业，没有找到我理想的工作。

女朋友扔给我一句再见，头也不回地回到她北方的家乡了。

我是个倔强的人，不愿告诉家人我的真实情况。

宿舍的几个哥们儿也都被迫回家，临走前我们抱在一起痛哭，我们醉得不省人事。

每天晚上，我都来我们当年吃串的地方借酒消愁。第一次被你见着的时候，我骗你说有人还没来，你没有说什么，要我少喝点，然后离去了，我的眼睛没有模糊你的背影。我一直好强。

接二连三被你见过很多次，有一次你没有离开，便径直坐在我身旁，陪我喝……

后来，我们下班就经常在一起吃饭、聊天、看电影……

后来，你成了我的女朋友。

再后来，我们的工作都有了很大的起色。那一年，你答应了我的求婚。

……

你知道我心里一直藏着一个人，你没有抱怨我，只有一次在结婚前，你看似开玩笑地问我：你舍得下你那个女神吗？我机灵地回答：你就是我的女神呀，我舍不得你就把你娶回家呀。你只是笑了笑，没有再说什么。

结婚第三年，我在这所城市遇到了我心中的那个人。当我在街上看见她的一刹那，我就知道我从来没有忘记过她。

她也同时注意到了我，我们在一起吃了饭，了解到她就在这座城市工作，在一家公司担任财务总监，只是快三十岁了还没结婚。

她在这座城市，没有亲戚，有的也只是当年一起上学的同学，关系也算不上亲密。

我算得上她比较信得过的朋友了。

……

我动过离婚的念头，你也察觉到这些了，女人对这些一直很敏感。

你没有戳穿我，只是每天都比之前更关心我了。

我当时也很矛盾，整天都嫌你烦，有时很晚才回家。

你还是没有多说什么，只是要我好好照顾自己，不要天天喝酒。

我也不清楚我是不是还爱那个一直在我心里的她，只是觉得我执着了很多年，要有个因果。

幸亏我偶然间看到一段文字：

很多年以后，你会发现，你割舍不下的，已经不是你喜欢的那个人了，而是那个默默付出的自己。当你惊叹于自己的付出的时候，你爱上的人，其实只是现在的自己。到最后，在这场独角戏里，感动的人，只有你自己。

那是你送我的一本书，书的扉页夹着我们俩大学时的照片，照片反面写着：我在你的路上，紧跟着你的步伐。那时的我才意识到原来你一直在我的生命里转悠，只是我浑然不知了四年。

脑海一瞬间涌现出很多大学时的画面，每个画面的角落里似乎都找到了你的身影。

那天我想了很久，从那以后，我一下班就回家，再也没有让你一人在家等我。

你也察觉到了这些，还是没说什么，我却发现你越来越关心我的身体。

我们幸福地过着日子，先是咱闺女的到来，后来咱儿子也来了，我激动坏了。你知道我喜欢儿子，虽然我没有告诉你。

……

你走得很痛苦，癌症把你摧残得像个纸人，我不敢在你面前掉眼泪。你也总是很乐观，你没有跟我交代任何话。

你走的时候，眼角里含着泪水，你还是什么都没有说，我知道你舍不得我，你舍不得我们的孩子。

你走了十五年，我没有再娶。我这辈子曾认真爱过三个人，你是最后一个，也是唯一一个我必须用一辈子爱的女人。

我快退休了，我会离开这座城市，回到我南方的老家。我想你会懂我的。我们结婚的十几年，你一直很懂我，我是上辈子积德才娶到你这么好的老婆。

老人哽咽着读完了这些年他写给老伴的点点滴滴。

第二天，老人收拾了自己在这座城市已经搁置十几年的家。老人要多看看这座城市。

老人说自己死前要看着这座城市的夕阳。

老人说最大的遗憾就是没能——

择一城终老，遇一人白首。

老人又说现在没有遗憾了。

关于你的记忆，一直在心底的某个角落暗自生长。有时候，当回忆阵阵侵袭，我会忽然想起你。你过得可好，有没有按时吃饭，努力生活。我希望你不再是孤身一人，希望你那里晴天很多。你会偶尔想我吗，我知道你会挂念我。时光会搁浅，年月会老去。只想告诉你，我很好，你也保重。晚安。

我的探险终点
是和你一生的相濡以沫

1.

明白“螳螂捕蝉，黄雀在后”的道理，是在我大四的那一年。

大四伊始，为了弥补大学三年来无所事事的罪恶感，我加入了考研党。

考研党党纪严明，少有滥竽充数者，凡事都有个例外，我就是那个例外。

我承认我的目的不纯粹，但我不违法乱纪，每天照样坐在那儿，干吗呢？看姑娘。

看姑娘也是门技术活，不能盯着看，也不能光看不传达意图，最好目光中带着诗意，让她明白——这小子与众不同，不是猥琐地偷看我，而是欣赏本姑娘。

认识林若希，就是由此而来的，那次我看得极其出神，肆无忌惮地看，全然忘了技巧。

她根本就不知道我在看她，一直低着头看着iPad，虽然她没有说话，但我从她紧锁的目光中看出了柔情与感动。为了探个究竟，我绕到她身后去，发现她在看《UP》，皮克斯公司制作的一部动画片，大陆名叫《飞屋环游记》。

这部电影我看过几遍，“我总是记得那些无聊的小事情……”“感谢你给了我精彩的一生”，简单并深情的几句对白，我一直记着。

我看着这位姑娘，那一刻，我觉得她好像在电影中。

2.

那时候我心里有个计划，分为三步走，第一步趁她去洗手间的时候翻开她的书本看她叫什么名字，第二步连续几天出现在她的视野增加熟悉感，第三步正式进入主题。

还没进入第三步，我就在课桌上看到一张纸条，应该是趁我离开的时候放上去的，折叠成两层，摆放得很匆忙，我环顾了四周，没有人盯着我的方向在看，我想这是一起“兔子吃窝边草”事件。

这种推想很快得到了验证，我刚打开纸条的时候，旁边的女生就递给我一瓶果汁，说：“你介意我这样做吗？”

我显然有点惊慌失措，这种堂而皇之登堂入室的局面我还是头一次见，而且更为羞辱的是，这一招我还没有勇气对林若希采用，却被别人进攻了。

“好一出‘螳螂捕蝉，黄雀在后’。”我想。

许是发愣久了，姑娘有点着急了：“怎么了，是我真的太唐突了吗？”

“啊，哦，没事，我刚才走神了，不好意思。”

“你为什么走神呀？”

“在想一个问题。”

“什么问题？”

“对坐标的曲面积分到底是啥意思？”

“你要考研吗？”

“嗯。是的，我不想显得无所事事的样子，我也挺随大流的吧。”

我说话挺自嘲的，这也难怪，大学三年，没有专注自己的学业，也没有好好爱惜自己的身体，我好像真的被大学上了，心里难免有点失落感。

我想我们之间的谈话应该是告一段落的，便随意翻动着厚厚的那本《考研数学复习全书》。

今天林若希没有出现，怕是起晚了，或者她只是心血来潮上几天自习，刚好被我撞见了。

她又传来一张纸条，上面写着：“居经纬，我可以加你微信吗？”

“啊，你怎么知道我名字？”

“你课本上有写呀，不过好难认，你那是艺术签名吗？”

“你这么说我都有点不好意思了，不过你这样窥探人家隐私真的好吗？”

后半句写上去后又被我划掉了，因为我想到了我也是这么才知道林若希的名字的。

我们都是爱情碉堡的进攻者，人家城池坚固，防守很严的，想到这，我不禁对她有点同情。

同是天涯追爱人。

不过，这一场类比中，只有我同时担任了两种角色，我始终不能带着主观和客观统一的角度对待这个问题，所以我很傻地告诉她，其实我已经有喜欢的人了，就在这间自习室，不过遗憾的是，她今天没有来。

她回复的速度明显慢了，我知道她在想最好的措辞，毕竟我的回答简单粗暴，是最击人要害的，而且对她来说，毫无防备。

其实当我写出那句话的时候，我心里也很不好受，我并不是同情心泛滥，而是推己及人。我在想未来有一天，林若希会不会以同一种方式拒绝我，那个时候我是不是应该状告一下林若希盗用我的创意，我不敢继续往下想。

她的回复随着纸条来了，只有一行字：没关系，你是你，我不是我，对了，你还没问我叫什么，我叫李婉琪。

3.

那天，林若希始终没有出现，我也早早结束了滥竽充数的“表演”。

对我来说，自习就是一场表演，一场准备献给林若希的演出，目的就是让她认识我，既然嘉宾没有来，那我就没有再继续表演下去的必要了。

我离开的时候，李婉琪问我：“你明天还会来吗？”

我支支吾吾：“应该会来吧。”

“那好，我明天帮你占座。”

“不用麻烦了，谢谢！”

“没事呀，反正我们每天都是起很早排队等开门呀，多占一个位又不用多花时间。举手之劳啦。”

“好吧，谢谢！”

关于我的座位，这几天都是固定的，林若希第一次出现在我面前的时候，我刚好坐在那儿，后来接连几天，我没有变换位置，抬头都能刚好看到林若希。

当时我还以为是命中注定，直到林若希再也没有出现。

是的，林若希再也没有出现过，后来李婉琪每天帮我占座，还是我之前的位置，但是我抬头看的再也不是林若希，可能是一个做题做得面无表情的女生，也有可能是一个穿着格子衬衫时不时向上推眼镜的男生，但他们都不是那个对着iPad微笑，笑容可以融化我的林若希。

林若希的消失，让我之前设计的方案瞬间失效，三步走既然没有实现，我只好去通过六度分离理论找到她。

根据六度分离理论，我们可以得知：你和任何一个陌生人之间所间隔的人不会超过五个，也就是说，最多通过五个人你就能够认识任何一个陌生人。根据这个理论，你和世界上的任何一个人之间只隔着五个人，不管对方在哪个国家，属哪类人种，是哪种肤色，更何况林若希跟我在一个学校。

我很快就打探到林若希在哪一个班，有没有男朋友，甚至她的星座，答案都是令我满意的。万事俱备，只欠东风，我想该怎样才能合理且必要地邀请林若希一起共进晚餐呢？

没有谁是另一个人吃晚餐的必要条件。

更何况我还是一个不速之客。

4.

李婉琪以方便联系为由要了我的联系方式，也抢过我的手机扫了我的微信二维码，还自己把自己同意添加了。

这些都不为过，那个时候我已经主动联系到了林若希，在为数不多的几次交谈中，我发现我找到了那种酣畅淋漓的感觉。我们很聊得来，而且从诗词歌赋到生活八卦都不冷场。

倘若世界上每两个人都是上帝当初成对制造出来的，我想林若希就是我前世今生散落人间的另一半。

皇帝登基大赦天下，而我开心起来就什么都不顾了，那几天，李婉琪跟我说了很多，我都欣然回应了，除了她邀请我一起看电影。一直以来我觉得拒绝姑娘的请求都是很不道德的事情，所以为了稍显道德下，我只能说我刚好看过了。后来无意间查了那部电影资讯的时候，我发现我自己撒了个可笑的谎，李婉琪那天跟我说的那部电影是在之后一天才上映，她没有揭穿我。

为什么要揭穿呢？揭穿真相只会使对方难堪，同时也把自己的自尊置于何地？

这一点，我做得远远不如李婉琪。

在跟林若希深谈一礼拜后，我正式向她提出了晚餐邀请。

林若希没有拒绝，也没有答应。

她说看情况吧。

我没有质问情况到底怎么看，只能告诉她时间地点，我会在她宿舍楼下等她，希望她如约而至。

那天，下起了雨，挺大，我忘记了打伞，在自习室门口等待。

跟林若希约的时间快到了，我得马上去接林若希。

但是雨好像丝毫没有要停息的意思，它的使命就是要破坏这场精心准备的约会。

落雨坠地的声音，嘲笑得体，挑衅有加。

我想冲出去，大不了淋湿全身，说不定还能苦肉加分。

这个时候李婉琪出现了，她递给我伞，一起吧，你去哪儿？

“去你们宿舍楼下，等一个人。”

“谁呀？”

“就是跟你说过的那个姑娘。”

话没说完，我收到了林若希的短信，然后我就径直冲出去了。

林若希说："下大雨了，我还是不出去了，对不起，你还是找别人去吃吧。"

李婉琪一直在后面追着我，雨伞根本起不到遮雨的效果，很快我俩都变成了落汤鸡。

戏剧性的一幕发生了，我看到林若希跟一个男生挤在一把雨伞下有说有笑，眉目之间全是情深深雨濛濛。我给林若希发去短信，说："我看到你了，那个男生是你哥吗？"

林若希回复："啊？你在哪儿？"

"我在你身后不远处。"

林若希转身看了我一眼，先是有点吃惊，继而大摇大摆地离开了。

李婉琪跑到我面前嘲讽我："就是她呀，我这么好的一个姑娘你放着不要，偏偏喜欢一个有夫之妇，现在傻了吧，小三捍卫不了正室主权了吧！"

"你给我闭嘴，李婉琪你是不是傻，我不喜欢你，我可不像她，不喜欢我还跟我玩暧昧，我都说不喜欢你了，你就不要再白费心机了。我这是为你好。"

"你给我冷静，居经纬你是不是傻，我喜欢你，我可不是她，我没有备胎后宫，我都明目张胆说喜欢你了，你就不要做无谓的挣扎了。我这是为你好。"

我哭笑不得："要不这样吧，我们俩落汤鸡去共进晚餐。"

“我这是沾了那妹子的光呀。这顿不算，下次你还要请我一顿！”

“为啥？”

“今天我这是陪你收拾残局，改天你不准备答谢我吗？”

“你说得好有道理，我竟无言以对。”

“知道我的厉害了吧！”

5.

那之后吃完晚餐，我们去了咖啡厅，她说北京难得下雨，不如去凭栏听雨。

雨是没听成，她给我看了陈粒，这倒让我有点吃惊。

陈粒是我一直很喜欢的歌手，属于我这种深情忧郁风的偏爱。

“那你最喜欢她哪句歌词？”我问她。

“你成为万众的唯一，偏颇爱你，宽阔爱你。”她说。

“那我们玩个游戏吧，我们现在列举看到的意象，然后唱出陈粒的歌词。”

“好呀。”

“风。”

“我知道风里有诗句，不知道你。”

“雨。”

“我看过沙漠下暴雨，看过大海亲吻鲨鱼，看过黄昏追逐黎明，没看过你。”

“眼泪。”

“我忘了置身濒绝孤岛，忘了眼泪不过失效药，忘了百年无声口号，没能忘记你。”

……

“怎么都是《奇妙能力歌》？”

“因为真的奇妙呀！”

李婉琪对我说：“天气不好，我就听陈粒，我特别喜欢这种快乐尽兴、忧郁彻底的极化境地，这事可衍生到爱情观，哪有什么最更之语，从不讲礼尚往来买卖交易，偏颇爱你，宽阔爱你，你不爱我也爱你，陈粒说她是她，我不是我，便是如此。”

我听得痴迷，但我做不到这些，在爱情里倘若发现谎言与欺骗，我会头也不回地离开，更多时候，我会留下一句bitch。

不管我之前对林若希有多少期待，统统都被雨水给冲刷掉了。

从今以后，我不会再滥竽充数，要做个合格的考研党。

至于李婉琪，她实在是个非常可爱的女生，但我没有想过会和她在一起。

她好像是一眼就能看透的女生，少了很多求知的欲望，我喜欢冒险的旅程。

我对李婉琪说：“爱情这个东西太虚幻了，我都不知道它具体是啥，我喜欢征服未知的世界，爱情于我有点探索的意味。直觉告诉我，那个人不是你，也不应该是你。”

李婉琪说：“你理解错了，也有可能每个人的观点不一样吧。于我而言，我不需要另一个不相关的人来练习爱情，我不需要跟随外界的浮躁去折腾爱情，我不需要一个不敢渴求天长地久的人来耗费我的爱情。那不是爱情，那是欲望，既然你喜欢解密，那我只能奉陪到底了。”

6.

李婉琪所说的奉陪到底就是陪我自习，她每天起早占座，然后发短信让我过去。

后来我实在受不了每天让一个女生帮我占座的心理压力，只好每天牺牲一个小时的睡眠时间，陪她一起跑去排队占座，慢慢地她开始偷懒了，就变成我一个人去占座了。

后来，顺其自然地，我们在一起了。

也许是几个月的自习让我变得踏实了很多，不再追求未知的旅程；也许是我渐渐发现她身上一些独特之处，觉得她就是一个待揭秘的宝藏。

李婉琪说没有那么多也许，这个结局她早已料到了，她说，就算你去过太多的岛屿探险，最后还不是要停靠在我这个港湾。

那个时候，我的爱情观仿佛已经被她潜移默化改变了，后来，我跟她一起重温了那部《UP》。

我曾经跟她提及林若希在自习室看《UP》的事，没想到她一直没有忘记，当我说要跟她一起看《UP》的时候，她突然抱紧我说：“你是想继续探险了吗？”

“没有呀，你记得《UP》中卡尔要将他和老伴的房子扎根在他们曾经最想去的Paradise Fall上，然后他终于到达目的地了，表情却是异常平静。他懂得了，他的探险终点就变成了和她一生相濡以沫。而我也是。”我说。

“那可不要说这么早，你说，你打这准备考研的幌子，自习室的姑娘是不是被你看个遍了？”

“天哪，没有，你这话有歧义，我想都不敢想！”

“你，你就剩狡辩这点本事了。”

“谁说的，喜欢你可是我最拿手的活了。”

是到该恋爱的时候了，寿山修司说，将恋爱这个词和猫这个字更换。恋爱摇头晃脑地钻进你的怀里，像猫咪一样温暖。

7.

毕业的时候，身边很多朋友分手了，那阵子我们也都提心吊胆，生怕我们也步他们的后尘。分手的理由千奇百怪，气氛特别紧张。

后来我们决定还是要三天两头地往自习室跑。我们都考上了研究生，至于为什么还要上自习，李婉琪说，回到爱开始的地方感受爱最初的甜蜜，要让我不要忘记修成正果的艰辛。她的想法我非常赞同，而且自习室是可以褪去浮躁的地方，如此看来，自习室真是度过那段分手时期最适合不过的地方了。

我们习惯地进入或退出一场又一场的恋爱，然后把它当作是爱情的练习。我们的世界太过浮躁，浮躁到没有心去认认真真地经营一场关乎一生的感情。

我跟李婉琪的故事还没有结束，也不知道会不会修成最终的正果。

不过我们两个人都在用最直接的方式经营着这段感情，我们相信爱情这个奇妙能力是可以创造奇迹与美好的。

我想起那天看完《UP》，她要给我讲个故事，我记下了：传说在北极的人因为天寒地冻，一开口说话就结成冰雪，对方听不见，只好回家慢慢地烤来听……

后来，我问她："那到底说了什么呀？"

"我相信爱情，因为我相信你。"笑声清脆悦耳，宛如天籁。

"啊，太冷了，我听不见，是不是结成冰了呀……"

我在恋爱的时候，那些挂在嘴边的技巧全然抛之脑后了，纯真热烈不顾一切，什么都不想，只争朝夕的劲头。那时的我会感到特别庆幸，有时会情不自禁傻笑，有时会百感交集流泪。比起接吻牵手，我喜欢近乎窒息的拥抱，为着确认真实的拥有。晚安。

我在人民广场吃炸鸡

1.

去年冬天，我给我自己约法三章：第一不要熬夜，第二不要喝酒，第三不要吃炸鸡。老老实实做个年轻人。

那阵子，我脱胎换骨，俨然成了一名新世纪四有好青年。周围的朋友都对我刮目相看，时不时还有几个损友试探我，夜宵时分给打电话，问我要不要出来撸串，顺带喝几杯。我听出了他们的意思，所以拒绝得非常干脆。当然，我并不是逞强，也不是争一时之气。我跟高迪分手了，一年零一个月零三天。那个app清清楚楚地记录着这些数字，好像她离开了，我还可以倒数着这个数字回到原点似的。我还真尝试过，我从103数到1，期望她能给我发来复合短信，或者告诉我之前的分手只是一场闹剧，当然，我失败了。后来，我想了想一年零一个月零三天应该是398天，我又从398数到1，结果还是一样。

从此，我发誓要老老实实做个年轻人。

2.

这个叫高迪的女孩就是我的炸鸡前女友。

一年前的这个时候，晚上八九点的样子，我从上海大剧院出来，饿得很，顾不上风度，买了一大份炸鸡就坐在人民广场的台阶上吃了起来。正当我吃得津津有味的时候，我整个人被不速之客从背后袭击，手中的炸鸡悉数散落在地上。没等我反应过来，这位不速之客就凑到我面前来，一边拾起地上的炸鸡，一边真诚地跟我说对不起。

书上告诉我形容一个女子的美貌可以用秀色可餐这个词，当时我一时紧张，这词到嘴边硬是没想起来。我丝毫没有心疼那些炸鸡，看到眼前这位姑娘无辜的眼神，我的饥肠辘辘早已逃之夭夭，取而代之的是目瞪口呆。

我说：“没事没事，我重新去买一份就好了。”

她表现得很落落大方，说：“那我把钱给你吧。”

我自然说不用，然后往商场跑去。当时的心情是很复杂的，其实我想不要脸地说“姑娘，让我加你微信，炸鸡的事就一笔勾销了”，但是毕竟脸皮修行还不够深厚，考虑到刚刚建立的光辉形象不能瞬间被自己毁了。我心想，留得青山在，不怕没柴烧，大不了以后天天来人民广场吃炸鸡得了。

卖炸鸡的地方排满了人，我掏出手机看了看时间，心想回酒店泡个面也能凑合，便转身就走。她不知从哪儿冒出来，站在我面前说：“要不我请你吃火锅吧，我跟我朋友刚好也没吃饭。”我这时才发现她身边站着一个跟她差不多大的姑娘，这回我没拒绝，我说：“好呀，我刚才也盘算着去吃火锅呢，但一个人也是够纠结，你们不介意，我求之不得呢。”

刚说完，我就觉得自己暴露不矜持了，便连忙跟她身旁的姑娘打了招呼。随即像是大梦初醒般问道：“对了，还没打探您芳名？”

“哦，芳名呀……”

“她叫高迪。”她旁边的朋友给了个助攻。

“高迪，名字挺可爱的，我叫居然。”

“你居然叫居然？”

“嗯。你真聪明，这么快就用这个梗了。”

3.

跟高迪认识完全属于意外，但我深知缘分创造初见，亘古仍需人定胜天，所以那次吃火锅的时候，我恬不知耻地扫了她俩微信二维码。后来，我还请教了我几个在泡妞学自成一派的损友。在他们的口中，我大概掌握了八大技巧：欲擒故纵、恬不知耻、缓兵之计、阿谀奉承、顺藤摸瓜、晓之以理、动之以情、巴甫洛夫。虽然名字我都记得滚瓜烂熟了，但是我自知自己只会纸上谈兵，并不能灵活运用。眼看距吃火锅已经过去了一周，我还没有主动找高迪说过话，高迪也没有主动找过我。我不知道高迪的所作所为是不是他们口中所说的“敌不动，我不动”，我不敢多想，我只是觉得像高迪这样的女生应该会招来很多男生蠢蠢欲动，估计折戟沉沙的已经不在少数，她不会对一个素昧平生的男生留下太多印象与期待。

我觉得我并没有占据天时地利人和中的任何一点，所以在每一步行动之前我必须深思熟虑。三思而后行自然会全方面地考虑很多问题，但也消磨了很多时间，最重要的是它会消磨一些原始的冲动和勇气。后来，我完全憋不住了，我给高迪发微信过去：“高迪，我想了想，应该回请你吃顿饭，上次一份炸鸡换一桌火锅我怪不好意思的。”

高迪没有回复，我也没有看到“对方正在输入”的提醒。

我显然有点失落，伤心之余，蒙在了酒店一下午。

忘了说，当时我在上海度假，离回京的日子也屈指可数。上次吃火锅也没想起来问高迪是来上海度假的，还是本来就在上海生活。

晚间的时候，我打开手机，看到高迪下午三点多给我回的微信：“啊，我已经回北京了呀，忘了告诉你，我在北京念书的。”

我激动万分，但是没有乱了分寸，我不紧不慢地问她，冒昧地问一句：“你在北京哪所学校读书呀？”

“北航呀，你是不是很惊讶呀，看不出来我是工科女吧。”

“早就看出来了好吗。”我故意说道。

“从哪里看出来的呀？”

“从你吃火锅的样子呀。”

“你居然敢嘲笑我，你不也是夹个鱼丸夹半天嘛。”

“那我是在致敬韩寒。”

“好的，那后会无期。”

……

4.

我第二天出现在高迪宿舍楼下的时候，她还不知道我已然到了北京。虽说我跟高迪不是一个学校的，但我对北航熟悉得很。大一、大二的时候，我经常被我的哥们儿叫去北航拍片，我们学校离北航也近得很。我感觉占据了天时地利，然而高迪却毫不知情。

我给高迪发去微信，楼下外卖，赶快下来取。

她起初还不明所以，给我连续发了几个问号。

我说："我在你宿舍楼下呢，赶快拾掇拾掇，出去吃饭了。"

"你没骗我吧，你不好好待在魔都旅游，怎么回来了？"

"来都城还你人情呀，你要是忍心的话，就让我在楼下死等吧。"

"我不信你，你拍张照片给我。"

我以她宿舍楼为背景拍了张自拍给她，还配了文字："要我拍照片干吗？"

高迪给我回了一个鄙视的表情，然后一分钟之后，我朝思暮想的那个女孩出现在了我面前。

"对了高迪，你刚才说我怎么回来了，你是知道我也在北京念书吗？"

"呃，不知道呀，我说过吗？倒是你赶快给我一五一十从实招来吧。"

我对高迪说，我之前几乎每周都会来她们学校，都没有见过她，去上海居然就遇见了，真是孽缘呀。

“一个炸鸡引发的血案吗？”高迪还击我的“孽缘”。

“怎么能说是血案，明明是浪漫好吗！再说，不只是一个炸鸡，是一份炸鸡，满满一袋子呢，姑奶奶。”我都不知道我什么时候变得这么贫了。高迪也没再说什么，她将手机放回挎包中，然后笑容可掬地对我说：“那居然同学，我们现在去哪儿吃饭呀？”

“韩国烤肉你喜欢吃吗？”

“没有理由拒绝烤肉呀。”

后来我才知道，别看高迪一副清瘦的样子，她可是个名副其实的食肉动物，而且无肉不欢，这点我们达成了高度默契。我们喜欢吃各种各样的肉，鱼丸虾丸牛肉羊肉火腿香肠，当然还有那罪魁祸首“炸鸡”。

跟高迪在一起后，她不止一次说过，要不是那罪魁祸首炸鸡，老娘才不会上你这贼船。我得了便宜不卖乖，随便她怎么说，牵着她的手穿梭在大街小巷，嫉妒死了周围的单身狗。

5.

跟高迪正式在一起是在冬天，北京初雪的晚上，高迪给我发来微信，要不要一起去吃炸鸡。我想起了《来自星星的你》里面的桥段，回了她一句，是不是再来几杯啤酒。高迪没有回复。过了一刻钟，我的手机铃声响起，是高迪打来的，高迪说她已经到我们学校门口，让我赶快下楼去接驾。

那天晚上，初雪很小，地面上早就寻觅不到雪的踪迹。我们去了一家韩国人聚集的餐厅，里面的炸鸡是特色美食，除了炸鸡啤酒以外，我们又哗哗啦啦点了一桌。

初雪嘛，理应庆祝。高迪不知道哪儿听来的歪理。

我对高迪说："你知道我们认识多少天了吗？"

高迪想了想："有三个多月了吧。"

"嗯。"我注视着她的眼睛回答，"111天。"

"你怎么记得这么清楚呀？"高迪好奇地问我。

"我用了一个app记录着，所以才会这么确定。"

"111，这数字真吉利哈哈。"我不知道高迪为什么突然冒出这么一句，我总感觉她在暗示我，所以我才会突然蹦出这么一句，"两个单身狗认识了111天，要不我们凑合在一块得了，不然对不起这么吉利的数字呀。"

我有点说不下去了，把一杯哈啤一饮而尽。我想给高迪点时间回答问题，但我不能干等着，我只能不停地给自己斟酒，然后喝掉，如此往复，免得尴尬。

连续喝了三杯，高迪说话了。她说："你再这么喝，还喝不喝交杯酒了？"

我有点没缓过来，什么酒？

“好呀，居然你，你居然得了便宜还卖乖！”

我这才明白过来，刚忙给高迪斟酒：“相公，娘子这厢有礼了。”

这么一做，后来高迪干脆习惯叫我娘子，搞得我好几次在朋友面前被取笑，但我依然感到幸福。

我甚至在某些无聊的个人调查中“幸运数字”一栏写了“111”，还有在“最喜欢吃的东西”一栏后面写了“炸鸡”两个字，朋友都嘲笑我无可救药、不能自拔，可是没关系，我想，高迪在我身边就好。

我时常对着炸鸡默念：“炸鸡欧巴，你真是月老转世。”我心想我前世肯定是救了一个炸鸡吧，后来我感觉到哪里不对，但说不上来，也没纠结过多——管他前生今世呢，我对自己说，我这辈子拥有高迪，此生无憾。

6.

跟高迪在一起的一年一个月零三天里，我们总共一起去吃炸鸡56次，平均每周就要去吃一次，有时候我们就是逛街回来买上两份，边走边吃，可能还没到学校就吃完了；有时候我们去那家定情餐厅吃夜宵的时候会点份炸鸡；更多的时候我们是特地去商厦的地下一层排队买，然后找个空旷的天台边吃边俯瞰众生。

有时候高迪也会问我："我们学校附近为什么没有人民广场，不然我们可以去人民广场吃炸鸡呀，你也可以把我的炸鸡撞翻，然后请我吃火锅呀。"

"你想得美。"我对高迪说，"我可不是借请吃火锅勾搭帅哥的人。"

说完这句话我就后悔了，因为当初主动要微信号的人是我，主动聊天的也是我，主动表白的还是我。我好像没有资格来评论这起"一份鸡排引发的恋爱"。

高迪并没有还击我，她对我说，你之前总是来我们学校拍照拍什么呀？

"就是拍拍风景，有时候看到好看的姑娘也会偷拍几张呀。"刚说完我觉得有些不妥，连忙补充道，"你不要误会呀，要微信号的你是唯一一个，吃鸡排的也只有你！老婆大人么么哒！"

高迪做出非常诡异的表情对我说："其实吧，我们请你吃火锅是故意的。"

"为什么呀？"

"我朋友对你一见钟情你信吗？"

"信。有时候我也纳闷明明我可以靠脸吃饭的，但非要靠才华干吗呢！"

"你居然自恋得不是一点点呀，你还好意思信。逗你呢，你还当真了！"高迪立即给我泼了冷水。

即便如此，我也觉得那天吃火锅不像赔礼道歉那么简单。

还有一次，我带着高迪和几个损友一起吃饭，席间他们问我俩怎么认识的。我讲了我们炸鸡偶遇的故事，没等我讲完，高迪就打岔，对他们说不要听我编故事了。我险些要生气，但她说，居然讲的只是他知道的，其实不是偶遇啦，是我那同学之前就喜欢他了，一直在微博潜水关注他，知道他去上海了，才拉着我一起去的。

“那你同学怎么会认识居然呢？”损友们的八卦心理开始作祟了。

“不知道，这个她倒没有告诉我。”高迪说。

“那你就抢了闺蜜的心仪对象呀，防火防盗防闺蜜这话真不假，哈哈。”

高迪指着我说：“这应该怪居然，不是他勾搭我，我也不会背信弃义呀，幸亏我闺蜜大人有大量，早就原谅我了。”

她闺蜜真大度，我心想，看来电视剧里闺蜜因为一个男人争风吃醋反目成仇的情节都是骗人的。

7.

我跟高迪很少吵架，我不是一个会发脾气的人，但吃起醋来却一发不可收拾。

有次我去她学校找高迪，正好看到她跟一个男生在宿舍楼下相谈甚欢。我直接上去把她拉走，扔下一句：“哥们儿不好意思呀，我先带着我家高迪吃饭去了，有什么事有空再说吧。”

高迪挣开我的手，说：“居然，你哪根筋又搭错了，我在跟学长谈正事呢。”

“谈正事在宿舍楼下谈？”

“懒得跟你说。我待会儿要跟学长去实验室一趟，你是跟我一起去，还是自己先去吃饭的地方等我？”

“还吃什么饭，要不要我给你们送外卖到实验室呀？”

“居然，你别闹了行吗，我们在忙一个大创项目。”

“我现在就问你，你能不能跟我去吃饭，你现在要跟他走，还是跟我走？”

“无理取闹。”高迪扔下这四个字，生气地走了。

我没有追上前去，那天我去了酒吧，喝了几杯高浓度的酒，醉得稀里糊涂给她打电话，我说：“高迪，我真的很喜欢你，我很想和你走下去，但是我觉得我离你越来越远了。”

我第一次在爱情中有这种想法，怕失去怕功败垂成，恨不得每天都能见到她，知道她在做什么，跟哪些人在一起。

我爱她失去了自我，好像被困爱情沙漠数月的落魄者，她是唯一的过路人。

没有她，我就看不到希望，看不到明天的曙光。

高迪找到我的时候，我已经趴在桌子上动弹不得，头重脚轻的我自然是无法走回学校了，高迪只能搀着我，一路艰难前移。

高迪后来给我发来短信，让我以后不要喝酒，她不喜欢把自己喝得烂醉、然后什么也不顾的男生，她觉得这很幼稚。

我每次答应得都很爽快，但是后来都没有履行诺言，最后帮我收场的还是高迪。

高迪没有再说什么。

我以为她已经不介意我偶尔的疯狂了。

除了喝酒以外，我还有个毛病就是一到晚上就想着出去吃点东西，我是个名副其实的夜猫子，对熬夜和宵夜情有独钟。有时候过了零点我会打电话给高迪，问她要不要一起出去吃点。高迪并不会拒绝我，她会穿好衣服在她学校的北门口等我，那是我去她学校最近的一个门，但是离她宿舍却不是很近。我后来知道高迪不喜欢熬夜还是在分手后，她朋友指责我的，高迪以前作息时间特别规律，跟我恋爱后每次晚上出去第二天上课都会打瞌睡，高迪一再迎合我，我却没有发现，甚至有恃无恐、变本加厉。

我后来总结高迪跟我分手的原因，发现我有三宗罪：喝酒、宵夜、自私。

但这些道理不是瞬间就明白的。

8.

高迪跟我提出分手时，我有点始料未及，我一度以为她在开玩笑，或者她是想考验我，等到高迪在电话里用坚定的语气重复那两个字的时候，我才停止我愚蠢的猜想。

我觉得自己没有做过任何欺骗或者伤害她的事。我很爱她，就像爱自己一样。我跟高迪说："我不能失去你，求你再给我一次机会。"

高迪说："你理解的爱太流于表面了，居然。有时候我觉得我跟你在一起好累，我仿佛身处在一艘行驶在汪洋大海的轮船上，它漫无目的地漂着，我看不到海岸，我感觉自己快迷失了，我告诉自己必须下船，但是我不忍心离开。我在内心挣扎了无数遍，现在我想通了，我们还是朋友，你就不要为难我了。"

我没有再给高迪回复短信，她所谓的"朋友"我也不稀罕。我想："高迪，我恨你，我这辈子再喜欢你我就是你孙子。"

后来，我再也不会去北航拍片。我怕我会遇到她，命运这个东西很奇怪，之前那么多次去北航拍片都没有遇见她，偏偏在上海吃个炸鸡就能遇见。如今分手后再去北航，遇上的概率肯定很大，命运不会太随人心意的，它喜欢跟我们唱反调。

即使我已经下定决心忘记她，但是我还是会很难过。我看到月光会难过，看到街旁的路灯会难过，就连闻到炸鸡味都会难过。我难过的时候还是会忍不住翻看一下她的朋友圈，一翻就翻好久，从头翻到尾，好在她没有将我屏蔽。

她的朋友圈几乎没什么心情，大多都是一些分享，跟我在一起她也不会在朋友圈秀恩爱，我怀疑她是不是真的喜欢过我。

但是我还是翻到两句煽情的话，这两段话在她的朋友圈显得格格不入，但给人的感觉却尤为重要。

第一句是："应该把相遇也作为一种不可抗力，加在地震、火灾和泥石流的后面。"看了看时间，应该是我们在上海遇见的那天发的。

还有一段，很早之前发的，是5月2日的：
"在我二十岁的时候，我遇见了一个清风明月般的人。大概是喜欢他身上我所没有但却向往的温暖和阳光。大概是不愿忘记他看着我的那双眼睛。总之生活每天都会逐渐变得特别。我什么都没想，如果有一天能让我再遇见他，我一定会告诉他，我喜欢他。"

原来高迪一直暗恋一个男生，可能她跟我分手是因为那个男生吧。我心想，我居然对她还念念不忘，居然呀居然呀，你真是世界上最大的傻瓜。

我一气之下把她微信拉黑了，我决定跟高迪老死不相往来。

9.

我的生活很快就恢复了原样，虽然没有全部忘记那段炸鸡爱情，但是每当我深夜一不小心怀念她的时候，我就会叫人和我一起出去吃串喝酒或者吃炸鸡，我想把跟她在一起去过的地方、吃过的美食都要跟别人重复一遍。我时刻提醒自己：我不能在一棵树上吊死，更不能在一个薄情寡义的女人身上浪费感情。

身边的美好稍纵即逝，正因如此，该珍惜的人和事要铭记于心，不该缅怀的旧时光也要学会告别。不捆绑任何人，也不为难自己。我当时就是这么教育自己的。既然下定决心告别，就要狠心彻底。我删光了我手机相册里关于她的一切，她之前送给我的礼物也被我纳入柜子里永无见天之日。心里那块原本以为没有人可以替代的位置，我也尝试着邀请别人入驻，虽然那块地执拗得很，又有点怕生，但我相信没什么改变不了，时间和新欢是治愈一切的良药。

虽然没能将她从我的过去中抹去，但是生活的色彩不再是失落和灰白。朋友有时也会来开导我，知心点的也会询问我分手原因，好对症下药。我那个受伤专业户的女性朋友久病成医，有一肚子的心灵鸡汤。她告诉我："逃不开的时候就选择面对，面对不了的时候就选择离开。总会有个出路，也难免有所疼痛。如果你爱她，她也爱你，就一定要好好在一起。"

我对她说："你想多了。"在一起是两个人的契约，这契约早就被高迪单方面撕毁了。虽说未来可能有无限种，爱是一种，恨是一种。对待爱情，有些人选择先戒备，收到足够关爱才开始投桃报李；我却天性主动爱讨好，以为付出直到受伤害才学乖。我不知道究竟哪种方式更高明，我以前对高迪说，他们或许杜绝了未知的伤心，而我却遇见你。

看来是个笑话。

10.

一年一度的校园摄影大赛又开始了，我本来不想参加的，但是想到不能因为一个欺骗我的人堕落下去，我连忙将相机内存卡插到笔记本上，挑选几张早些时候去北航拍的照片。

照片从3月到6月，大多是风景照，也不乏几个人物特写——也算不上什么特写，因为要是有美女人多也是偷拍的。

“咦，这张不是高迪吗？照片里的她瞪大眼睛看着镜头，不像偷拍的样子呀，不过我那时候还没有认识她呀，难不成偷拍被她逮个正着？什么时候拍的呀？”我自言自语。

看了看照片属性，拍摄时间是5月2日。啊，不对，5月2日，我好像在哪儿见过。

从那以后，我给我自己约法三章：第一不要熬夜，第二不要喝酒，第三不要吃炸鸡。老老实实做个年轻人。

高迪也被我从微信黑名单里释放出来，她朋友圈还是老样子，最近倒是分享了一首歌。我听了下，歌词没怎么记住，只记住两句：

我在人民广场吃炸鸡
而此时此刻，你在哪里

我把最大的求知欲、好奇心、审美力，都耗在"你"的身上，颠沛流离，莫知所终，直到如果，如果世上只有我们两个人多么好，我一定要把你欺负得哭不出来。晚安。

相信我，
没有一件事物挡得住爱情

1.

在跟卞心怡当了两年的朋友后，我不干了。

我路凡喜欢上卞心怡了，准确来说，我喜欢卞心怡两年了。

而这一切，卞心怡好像浑然不知情，她每天对我傻傻地笑，一有空的时候就打电话来让我陪她去看电影，或者让我陪她去超市买她最爱的苏黎世饼干。

其实这样也挺好的，只不过当陈旭出现的时候，我感觉受到了威胁。

我一直就是危机意识特强的人，陈旭是我们学校有名的人物，不说他那球场迷倒众多少女的身姿，就他往这儿一站，我都得后退几步——他一米八八的个，我实在是望尘莫及。

虽说站在卞心怡旁边，我的身高是绰绰有余，但是现在流行的最萌身高差着实让我在心里暗自将他俩连了线——我这月老当得，真是大公无私。

不过话说回来，陈旭跟卞心怡认识还真是我牵的线。那次我跟陈旭在球场打球，卞心怡来找我，我退场跟卞心怡闲聊了几句，这时陈旭跑过来开了我几句玩笑，说女朋友长得真不赖。我说这才不是我女朋友，我眼光没这么低。卞心怡一听不乐意了，说我还看不上你了呢，你这身高不够，起码得有这位仁兄这般。

后来，他俩就这样认识了。

而且据我观察，陈旭对卞心怡一见钟情，而卞心怡似乎乐在其中。

2.

我跟卞心怡认识完全是个意外。

有段时间，我经常去电影院看电影，专挑冷门电影看，专趁人家吃午饭的时候去看，所以经常会出现包场看电影的情况。但很多时候还是会有几个志同道合的，三五个人坐在电影院，别有一番滋味。

去的次数多了，我开始注意到一件奇怪的事情。

准确来说，是一个人。

对，估计你猜对了，就是卞心怡，但那个时候我并不知道她的名字。

连续几次在电影院我都能看到她，有时候偌大个电影院就我们两人。

一开始我只是觉得巧合，但是连续碰上几次以后，我开始对她充满好奇。那次，电影院依旧只有我们两个人，我故意坐到她旁边去，她看我走过来，没有表现出任何的异常。

电影没什么意思，画面中两个人在马路边漫无目的地走着，故作浪漫的剧情，不用想也知道接下来会发生什么，果真不出所料，两个人拥吻在一起，远处的城市星光成了他们的幕布。

直到电影结束，我都没好意思搭讪，临走前，我想到一计，我故意把钱包落在卡槽，然后起身准备离开。不出我所料，我还没走多远，她就叫住了我，说："同学，你好像把钱包落下了。"

我转身走到她跟前，接过钱包，跟她说了声谢谢，然后趁机问她："同学，我看你好几次也是这个时间段来看电影，莫非你跟我有着同样的癖好？"

"不不不，我可没有故意丢钱包的癖好，老实招来吧，我是不是在学校见过你？"

"啊，难道我们是一个学校的？"我有点惊讶。

"估摸着应该是吧。"

因为影院离学校不远，我们就一起步行回了学校，一路上聊了一些无关痛痒的东西，我们好像很有默契似的，对于刚才故意丢钱包那事都只字未提。

因为有同样的癖好——喜欢人少的时候去电影院，又为了自己去影院身单影只，我们很快达成协议，达成了一个影伴契约。

契约是卞心怡拟的，很多政策都是偏向她的，比如选择电影有分歧的时候，必须首先参考甲方（也就是卞心怡），乙方（也就是我）有义务给甲方提供一个非常安全快捷的出行方案，乙方不能占用甲方晚上观影时间，最终解释权归甲方所有。

一开始我看到契约，我坚决不在上面签字。卞心怡说："你不签也行呀，不签咱们以后就各看各的，我假装不认识你，你也不要跟我套近乎。"

"好好，我签。"

3.

后来我才知道卞心怡是学法学的，怪不得她动不动就让我签什么契约合同，有次我跟她连同其他几个朋友去北戴河自驾游，我跟朋友借了相机，拍了一些照片，其中也包括给卞心怡拍的。

当晚回海边公寓，我寻思着挑几张好看的发发微博，卞心怡走过来说："得不到我授权，不准发我照片呀！"

"照片是我拍的，怎么不能发！"我反驳。

"肖像权是我的，我说了算！"她一把夺过手机。

"好吧，请心怡大人授权！"我的目光中饱含卑躬屈膝。

"上镜我呀，帮我涨涨粉哈哈。"

"你这么丑谁会关注你？"我嘲笑她。

"好的，那你别发了，明天也不要拍我了！"

"好好好，你美行了吧，全世界就数你最美了，你不知道我一直喜欢说反话嘛！"

"嗯，记得微博夸我，还有一定要不一样地夸，诸如你所有为人称道的美丽，不及我第一次遇见你。不行不行，太暧昧了，你就说我是你姐！”

……

其实发了微博后，我收到很多微博私信，都是跟我打听卞心怡的，问我她叫什么名字，什么星座，在哪儿上学，还有问我她是不是我亲姐，为什么基因的差异这么大。

我其实很不想理他们，后来我问卞心怡怎么办，卞心怡说我吓得赶快把我微博名改了，真是一大片如饥似渴的宅男呀，吓死本少女了。我在那儿笑得喘不过气来，你不是要涨粉嘛，记得对我好点，不然我把你三围都透露出去。

“你知道我三围吗？”

“知道呀。你还记得我跟你借过一本民法书嘛，上面有页写着，想知道本少女三围嘛，答案见P50！”

“啊，你确定是我写的吗？答案是什么？”

“我怀着无比虔诚的心翻到第50页，上面写着‘答案：略’。”

“哈哈哈哈，你这死变态！”

我一直觉得跟卞心怡这样相处，我挺开心的，不是我没有勇气跟她表白，只是我觉得恋人未满要比恋人来得更持久些。爱情就像一场考试，有太多的未知数，即使实力超群，也有马失前蹄的时候。很多时候，不去做都可能不是因为不敢，而是因为太珍惜。

在我二十岁的生涯中，那是我第一次有那样的感觉。

我知道这种感觉可遇而不可求，我不想将我所爱和所想的一切付之一炬，所以我甘于现状，不去碰触，我不知道卞心怡是否有同样的感觉。我只知道，当你遇到那个人的时候，你才能体会到那种感觉。

4.

并不是一直这么风平浪静的，我跟卞心怡冷战过一段时间，现在想想，那段时间也挺长的，差不多有一个月。

那一个月里，卞心怡不再找我看电影，甚至都不评论点赞我的朋友圈。

我也一样。

但我那段时间度日如年，我很难受，我想去跟她道歉，但我不知道怎么道歉，因为这事错不在我，我道歉只能说明我心虚，但其实我内心坦荡，我不能 。

卞心怡生气是因为她胖了。

她莫名其妙地胖了，胖了有足足十斤。

当她发现自己穿不上以前的修身牛仔的时候，她打电话对我发火："路凡，你以后不要大半夜叫我出去陪你吃夜宵了，我都胖了，都怪你！"

我百口莫辩，只能在电话里忍气吞声。明明是她一到周末就拉着我陪她去超市添置干粮，还有隔几天就让我去买永远在排队的枣糕。我曾经劝她："卞心怡，你不能吃了，我觉得你有点微微胖了。"她倒是不以为然，对着手机屏幕眨了眨眼："我哪里胖，我这是人见人爱，花见花开好吗！"

好吧，我不想伤她自尊，只好陪她自欺欺人。后来她意识到自身问题了，居然把责任一股脑全推给我了，我还不能有任何申诉的机会。

虽然没申述，但是我说了一句："那以后晚上再也不叫你吃了，到时你可别怪我。"

卞心怡说："你一个人吃吧，看电影你也一个人去看，以后别什么事都叫我。"

我说："你不能把我当出气筒吧，我活生生一个人，不是废纸篓。"

卞心怡说："路凡，你浑蛋。"

然后她就挂了电话。

她这次对我发火，我真觉得是飞来横祸，始料未及。

我本想着她第二天应该会跟我赔礼道歉，按照以往惯例，一般是先找一个让她不失颜面的理由约我出来吃顿饭，然后拐弯抹角坦承错误，继而握手言欢。

但是接连几天，我都没有等来她的电话。

5.

最后还是我主动道歉，又请她吃了一段韩国料理，加上她最爱吃的苏黎世饼干。

我说，饼干无脂，放心食用。

她说："路凡，你知不知道，这一个月你不打扰我，我的日子有多清闲，而且桃花也开始泛滥。以前肯定是你经常屁颠屁颠在我前面，挡住了我的桃花。"

"屁颠屁颠不是后面，什么时候到前面了，再说我一直在你旁边呀。”

“今天你是来认错的，态度要端正，不要好了伤疤忘了疼，我这还没说原谅你呢，你就开始耍嘴皮子了。”

“我哪敢，卞大人这淫威，我还是忌惮三分的。说起桃花，跟我讲讲呗，我看那些人是怎么瞎的！”

在陈旭之前，我还真没担心那些桃花会掀起什么波澜来，所以每次听卞心怡讲她那些被追实录，我都听得特带劲，恨不得帮那些男生出谋划策，或者办个追卞心怡速成班。

我其实很了解卞心怡，假如卞心怡喜欢一个男生，她是不会轻易跟别人说的。

她一方面特别骄傲自恋，另一方面特别谨慎，她害怕拒绝、害怕伤害、害怕物是人非。

别看卞心怡在人前一副活泼的模样，一到人后就开始暴露弱女子本质。

她看电影经常会看哭，有时候并不是情节有多动人，但她就是情不自禁地坐在我旁边抽泣。她有时也会问我为什么无动于衷，我无法回答她，只能我泪点高，很少哭，其实我内心是悲伤的。

她说不是悲伤，是触动，她会跟我讲这部电影哪里哪里是很触动人的，然后又说其实这事生活中也有很多，她让我多注意观察。

她说得像个哲学大师的时候，我都不忍心打断她，假装很投入的样子，聆听她的教诲。

有时候我也会问她一些关于爱情的问题。

我说，什么是爱情呀？

她的回答很诗意，我至今都记得：我们能够在心里把一个人美化成那个样子，能够把他的缺点看成可爱，能够因为一个眼神一个笑容而颤抖战栗，觉得他的声音婉转动听，他的名字所组成的音符也是那么悦耳。

我一直在猜测这个他到底是谁。

直到陈旭出现前，我心里都没有答案。

6.

陈旭认识卞心怡后，我们的关系有了微妙的改变。

我成了他们的联络人，后来他们熟络以后，我彻底失去了作用。

那段时间，我看到一句话，想哭。

我觉得是我太轻易动情了，卞心怡也没有喜新厌旧，她从来都没说过喜欢我，她跟陈旭出去是她的自由。

我把那句话发到了微博上：原来容忍不需要天分，只要爱错一个人。

卞心怡后来在下面评论：你失恋了？跟姐说说。

我本来不想回复她，后来仔细想了想，觉得不理总归不好，就在下面回复她：想太多，你这恋爱中的人居然还有空关心民间疾苦。

“啊，我哪里谈恋爱了！”

“你没有吗，你天天跟那谁在一起。”

“不是你介绍的嘛，我心想我也单身快两年了，寻思着可以试着看合不合适。”

“还试着，一见钟情还磨磨叽叽，你如果不好意思说，我来帮你刺探军情，看他怎么想的。”

“还真不用你操心，这事我有分寸，你还是管好你自己吧，没失恋搞什么煽情。”

“我又没恋爱，哪来什么失恋？”

那段时间我也克制着自己不找卞心怡，毕竟她都快有男朋友了，我就不能当个没事人儿一样，该保持的距离还要保持。

卞心怡在这点上是跟我很默契的，她不再找我看电影，也不再跟我讲她的桃花，我想她跟陈旭已经在一起了。

我没有过问他们的事，我不想自取其辱，所以还是什么都不知道的好。

后来，卞心怡还是给我打了电话，说有个饭局，问我要不要一起来。

我知道我拒绝不了，一口答应了下来。

饭桌上都是她的同学，就我一个男生，后来我们玩了个游戏，输了就讲自己暗恋的事。

我说：“万一没有暗恋经历呢？”

卞心怡回答：“怎么可能没暗恋呢？你好好想想，轮到你时，即便没有都要给我编一个，记得一定要深情，不要蜻蜓点水说一下，我们得要听出你的真情流露。”

我说：“我听出来什么意思了，这是鸿门宴呀，看来今天躲不了了。”

没过多久，我就着了她们的道。

我说没什么具体暗恋故事，有的只是感受。

“什么感受？”其中一个女生问我。

我酝酿了小会儿，回忆了我跟卞心怡的点点滴滴，开始娓娓道来：

我觉得暗恋是那种日思夜想辗转反侧，为一双迷人的眼睛着迷，或者偷偷地看着她的照片发呆，或者是偷偷期待可以牵起那双婴儿肥小手将它握在手心；是那种电光石火般的火花，那种噬魂彻骨的疯狂，那种把世界一切染上光辉的爱慕，只靠思念和期待就能生存的情愫。然后就忍不住一直偷瞄她，看她的笑容，听她说话，希望接到她的电话，渴望她叫自己的名字……这是一种极其美好的经历，很多人都说暗恋苦涩，我倒不觉得，我想当你遇到那个人的时候，你就会明白一件事，原来生命可以美好成这个样子。

我讲得有点陶醉了，以至于忘了这只是个游戏。

有人问我，看样子像真的哎！

我瞥了卞心怡一眼，她在一旁漫不经心地在那儿吃着蔬菜沙拉，好像并没有在听我的独白。

我说：“是真的。”

“那她认识你吗？”

“不认识。”我说。

我也不知道我为什么会脱口而出“不认识”，在我匆匆低头的瞬间我注意到卞心怡开始端坐起来，带着奇怪的眼神向我看来。

她说：“你可真是暗恋高手，甘拜下风。”

7.

那之后我们的关系开始恢复往常，她说她觉得陈旭不适合她，我也没问她原因。

她跟我说：“谈恋爱太没意思，无非吃饭散步看电影，这些事跟你做也行，成本低而且不需要负责。”

我说：“谈恋爱可不只是吃饭散步看电影呀。”

她说：“是吗，你这么了解！你这暗恋小能手，别在这里纸上谈兵。”

其实有很多次我都想跟卞心怡表白，但是那段时间我时常找不到她人，经常有人约她出去吃饭。她听从了我的建议，不要每次都拒绝，可以三次去一次，多积累一些实战经验也不是件坏事。

后来我在球场打球见到陈旭，我问他为什么他和卞心怡没在一起。

陈旭说，卞心怡告诉他，她心里一直有个人，说不出，又放不下。

陈旭问过卞心怡那个人是否知道。

卞心怡说，有的人不一定不知道，其实是假装不着调，也就是不想知道，不想知道为什么要让他知道。

陈旭没听懂。

陈旭告诉我的时候，我也没听懂，可能假装没听懂。

再后来，大四的时候，我带卞心怡去看电影，那次看电影的人很多，周围都是情侣。

电影里突然冒出一个恐怖情节，卞心怡吓得钻进我怀里，我一把抱住她，说：“别怕，我在。”

她反应过来的时候，说：“哎呀，弟弟真懂事。”

我说：“姐姐，你介意姐弟恋吗？”

她什么都没说，但我感觉到她那双婴儿肥小手已经将我手心汗湿。

我们在一起的那天晚上，她发了条微博给我，让我转发，她说她想要涨粉。

我说，你不怕有人骚扰你嘛！

她说，不怕呀，反正我有弟弟嘛！

我转发了她的微博，附带了一句话：相信我，没有一件事物挡得住爱情。

她的微博原文是这样的：

我总是用口是心非来掩饰自己的百转千回，因为听过太多恋爱的道理，最在乎的人最先失去，可真正的爱情并不是这样啊，终其一生，不过是想遇到了解遇到契合，遇到一个人，懂你的喜怒哀乐。

评论的人很多，大家都看出来我们在一起了，纷纷写下了祝福。

卞心怡的评论上了热门区，她说：“路凡同学，你‘暗恋小能手’的称号从此一去不复返喽。”

也曾把光阴浪费，一心一意做个浪子；甚至鲁莽到视死如归，觉得人生得过且过，却殊不知哪天发现自己因为爱你而渴望长命百岁。晚安。

幼稚情书

——

1.

风，是子夜时分刮起来的，带着几分温柔，漫动着柳梢、树叶，拂过李小丢微红的脸颊。

李小丢刚从La Bamba出来，许是喝了几杯烈酒。那天我从Bridge咖啡厅出来接了个电话，不知不觉往酒吧街深处走了过去。

河岸对面桃樱漫飞的芬芳，酷热炎夏傍晚不经意间的细雨，还有不知不觉撞入我视野中的她。可遇而不可求的事悄然降临的时候，我竟一点对策也没有。我看她看得发呆，不小心被她发现了。她也目不转睛地盯着我。我知道她的眼神中带着疑惑和尴尬，可能是鄙夷——她连忙转过身去。

电话那头“喂，还听到我说话吗”地呼唤我，像是我陷入了突如其来的地震中，失去了与外界的联络。我想，要是真有地震的话，震源肯定在她的眼睛里，而我就在她的辐射区，不偏不倚。

我匆忙结束了电话，将自己置身于这场一个人的地震中——寻求自我救赎的方法。

我在想，我应该去主动搭讪吗？是应该对她说：姑娘，能请你喝杯Macchiato暖胃吗？还是说姑娘，我觉得你长得像我下一个女朋友？不行，太俗套了，会吓到人家的。

她好像接到电话，从我身边走开，我注意到了她肘关节的划痕。我跑到她面前，正大光明地审视了她一番，说："姑娘，我认得你。"

李小丢没有理我，她径直绕开我，依旧踩着她的高跟鞋，移动着震心。

我站在她身后，说出了我这辈子都不可能忘记的一句话："小丢，是你吗？"

她停住了步伐，继而转身注视我，一脸疑惑的表情："你怎么知道我名字？"那一刻，我开始庆幸我小时候的调皮，开始庆幸我今天心血来潮跑来喝咖啡。她的眼睛在月色下格外动人，水灵灵的，是我们南方姑娘，即使在美国待过几年也没有掩盖住南方姑娘的特色，而且她身材修长，长发依旧在微风中散发出独特的芬芳。

"难道你是顾大头？"她惊诧地问我。

2.

绰号真是幼时记忆一个不可泯灭的特征，我叫顾成，跟诗人顾城不一样的“成”。本来父母是准备起诗人的“城”的，可是顾城从诗人到屠夫那不为人知的历史被我舅所熟知，遂告知我父母，从此我就叫顾成。

我小时候头很大，其实也不算很大，只是看起来很大而已，小伙伴们给我起了个“大头”的绰号。我亲爱的同桌李小丢热衷于叫我“顾大头”。虽然这让我很不爽，但是李小丢深得老师信赖，掌控每个同学的生杀大权。我深知得罪她不会有好下场，所以每次她叫我“顾大头”，我会应允得十分你情我愿——良禽择木而栖的道理，我在史书上看过，由此可见读史是多么重要。

我跟李小丢当了连续三年的同桌，从四年级到六年级，可谓渊源极深。那时候兴起的“三八线”在我跟她之间是没有的，这点李小丢特别与众不同，她好像对小事情不是特别在意，有着那时候我们无法理解的成熟。但有时候她却表现出当仁不让的霸道，对，是李小丢应该的模样。

六年级的时候，有次课间她突然对我说：“顾大头，你认为我可以当班长吗？”

我说：“以往不都是你当吗？难不成有人跟你抢？”

她若有所思地回答我：“嗯。应该会有其他同学跟我竞争吧。顾大头，我就问你，你希不希望我当班长？”

“希望呀。”我说，“你从来没有记我名字嘛。”

“顾大头，洛溱溱要跟我竞选班长，我想她也不会记你名字的。”

我一下子像中了哑穴，半张着嘴巴，不知道说什么好。

洛溱溱是我六年级喜欢的女生，她扎着一个干净利落的马尾，走起路来一晃一晃的，她的笑容在十米以外就能融化我。

五年级的时候，洛溱溱在我隔壁班，她是隔壁班的班长。那时候，经常有一群男生围着洛溱溱转。后来我问李小丢："你知道那女生是谁吗？他们班男生对她可好了，就连我们班后排的那些男生每次下课也都会找她去呢。"

"你是说洛溱溱吗？"李小丢头也不抬地回答我。

"你认识她？"我感觉我发现了新大陆。

"嗯。上次年级班长开会我见过她，她是隔壁班的班长。"李小丢说这话的时候语气轻描淡写，但却让我有了想当班长的欲望——当班长多好，可以参加领导人会议，可以顺其自然地认识其他班的同学，可以有机会跟洛溱溱成为好朋友。

所以，当李小丢告诉我跟她竞选班长职位的人是洛溱溱的时候，我不知道说些什么。我不敢打保票说，李小丢，放心吧，肥水不流外人田，我会站在你这边。

可是我好想看到洛溱溱胜利的画面，然后在某个不知情的傍晚，走在洛溱溱旁边，找个合适的机会告诉洛溱溱，我当初把票投给了她。

“顾成，你这个见色忘友功利心十足的家伙。”我仿佛能听到李小丢对我的不满——我对我自己也有点不满，我想如果李小丢失利了，我也会很内疚。

干脆放弃投票得了，我对李小丢说，如果班主任让每人投票的话，我弃权好了。

李小丢没有说话。

后来班主任果然让我们每人拿出一张纸条写下自己心目中的班长，差额选举，备选名单两人，一个是李小丢，一个是洛溱溱，每人只能写一个名字。

我想我只要交上去一张空白纸条就好了，或者我把两人名字都写上好了，反正都是不影响比赛选举结果的。

我闲着无聊把两人名字都写上了，我故意将纸条伸到李小丢面前让她看到。李小丢瞥了我一眼，没有说话。

班主任下课时找了两位同学去办公室统计结果，等到真正宣布结果的时候，班级里鸦雀无声，大家都好像比当事人还要紧张。“洛溱溱28票，李小丢29票，有3张无效票。”

我们班总共60名同学，李小丢以一票的优势险胜洛溱溱。那一刻我发现我自己很开心，尽管看了一眼一脸沮丧的洛溱溱，但还是有着莫名的喜悦。

李小丢连任班长后，并没有格外照顾我，我的名字也赫然出现在每日最不遵守纪律前三强的名单中。

“李小丢，你能不能不要公报私仇，而且我并没有背叛你，我只是中立，更何况你已经赢了呀。”

李小丢懒得理我，她说：“你再说话，我继续记你名字。”

我从此很少再跟她说话，她也把我当作透明人一般，她会跟前后桌讨论老师布置的思考题，会跟几个要好的女生一起去上厕所，会上课积极回答老师的问题，但却再也不会主动跟我说话。

我那时候也变得异常用功，因为洛溱溱。从喜欢她的第一天起，我就告诉自己要变得优秀，足够与她并肩。这种奇怪的想法在年少的时候总是在我们的脑海中不经意蹦出来，诸如女生为男生苦练篮球，想着陪他一起度过篮球场的青葱岁月；男生为女生苦学音乐，想有朝一日唱歌给她听。后来，很多亘古不变的经验告诉我们，即便有一天你看过许多书走过许多路，学到了曾经不知道的事，结识了从前只能仰望的人，只可惜，我们变得这么这么好，ta却再也没有兴趣看到。

3.

洛溱溱留给我的记忆在六年级毕业的时候戛然而止，那年我考了全市第一，得到了来自四面八方的赞扬声，好像一下子把我对洛溱溱的喜欢淹没了。

我去了市里最好的初中，全校只有两人进了那所初中，李小丢就是另外一个。

李小丢到了初中以后很快进入了发育期，那含苞待放的胸脯似乎变得越来越大，很快就吸引了很多男生的目光。我跟李小丢不在一个班级，但总能在我们班男生嘴中听到关于李小丢的诸多言论。有次晚自习开始前，我在洗手间无意听到一群男生在谋划要趁下晚自习的时候堵截李小丢。我整个晚自习心不在焉，像丢了魂似的。晚自习结束的时候，我第一时间跑到李小丢班上，径直跑到她座位前，慌慌张张地说："李小丢，你赶快收拾书包，我送你回家。"

"怎么了？顾大——顾成？"

"你别管那么多了，赶快跟我走就对了。"

李小丢很快收拾完书包就跟我一前一后向校门口走去，她突然问我："顾成，你为什么要送我回家？"

"因为有人要堵截你，我上厕所的时候不小心偷听到那帮男生的谈话了，我们寡不敌众，咱们得赶紧走。"

李小丢听我说完反而放慢了脚步，说："怕什么呀，有我在，他们敢欺负你吗？"

"什么呀，明明是我在保护你好吗？"我没好气地说。

"走那么快干吗，我跑不动，慢慢走吧，你作业还没做完吗？"李小丢跑到我跟前对我说。

“不是，我怕他们很快追上来。”我其实有点后怕的，那么多男生，万一真起争执，我肯定是要吃大亏的。

李小丢漫不经心地回答我：“别怕，大头，有我罩着你。”

“你能不能不叫我大头呀！”我假装生气地说。

“我喜欢这么叫呀，你可以叫我小丢呀。”

“小丢，还小偷呢，你名字真难听！”

“你再说一遍，难道有大头难听？”

“我名字是顾成，多么有诗意呀。”

“那你会作诗吗？”

“不会，情诗马马虎虎。”

“你给谁写过情诗呀？”

“帮别人写过。”

“帮别人给谁写？”

“你！”

我跟李小丢的谈话并没有结束，她从书包里翻出一堆情书给我，说：“哪个是你写的？”

我接过她手中厚厚的一堆情书，看到了很多熟悉的名字，忍不住哈哈大笑：“李小丢，没想到我们班班长给你写情书，还有那个三班的班草，据说他可招女孩子喜欢了。李小丢，你有没有想好选哪个。”

“选你个大头鬼，你快点找是哪个。”

我很快找到我代笔的那封情书。

李小丢一把抢过，看了几眼，说："这封，我还没看过呢，我来朗诵一下吧。"

李小丢清了清嗓子，开始念道：

月亮滚下山崖
浓雾漫向树梢
水仙钻出湖面
精灵住进城堡
而我哪儿也不去
就想待在你身旁

李小丢念完就在一旁笑得上气不接下气，我说有这么好笑吗。她说有，不只一点点，你好幼稚呀。

我很不服气，我对李小丢说："你让我看看其他人怎么写的，看看有没有我写得好。"李小丢对我说："那些情书送你了，你的这封我先收藏了哈。"

我说："你别，这些情书你还是自己留着吧，要不我今晚带回家学习下明天再还你。"

"随便你。"李小丢好像很开心的样子，说，"时间不早了，你不是要送我回家吗？”

“哦哦。”我这才反应过来。那帮男生也没有追上来，我的担忧早已被一大堆情书给弄忘了。街道两旁的霓虹灯把这两天下雨滞留在道路坑洼地的积水照射得闪闪发光，李小丢在我前面手舞足蹈地走着，丝毫没注意脚下的坑洼，一不留神踩湿了双脚。

我在后面幸灾乐祸地笑着，李小丢出离愤怒地在那边破口大骂：“顾大头，你居然不提醒我！”她脱下自己的帆布鞋，试图砸向我，我轻松躲闪过去的同时，另一只鞋正好砸中我的脑门。我瘫倒在地。

李小丢看我半会儿没有起来，以为我砸晕过去了，神色大变。她托住我的大头，使劲摇我，嘴里还念叨着：“顾大头，你可不能吓我，我不想坐牢，你可不能这么轻易就死了。”

“原来这么担心我只是不想坐牢，放心吧，你还未成年，不会判死刑的。李小丢，没想到你这么容易哭。”我睁开眼睛看着满脸泪水的她，成就感十足地说。

“顾大头，你真的好幼稚哎。”李小丢说完，把我扔在地上就走了。

我不知道她为什么一下子就生气了，我赶忙拾起她的鞋，屁颠屁颠地追过去，让她把鞋穿上，小心着凉，小心划破脚丫。

她很快就原谅我了，然后在她家楼下，跟我道了别。

4.

我跟李小丢回家是顺路的，所以后来每次放学回家，都会跟她一起走那条再熟悉不过的街道。

初二的时候，我早恋，交了个女朋友，姑且叫她W吧。W跟我家不在一个方向，自从我跟W在一起以后，我再也没有跟李小丢一同回过家。她也不来找我。有次下晚自习我去她班门口等她，她走出来看了我一眼，没有说话直接向楼梯口走开了。我连忙跟上去，边走边说："小丢，一起回去吗？"

"你不是要送你女朋友吗？"说这句话的时候，她没有看我一眼。

"我今天让她自己回去了，我跟她说我妈今天让我早点回家。"我撒了谎，其实我跟W闹别扭了，她无理取闹，我也不是那种是非不分的人。

"你女朋友以为你喜欢我，所以你还是离我远点吧。"

"她来找过你了？其实不关你的事，她也真是胡闹。"

李小丢并没有半点责怪W的意思。那天晚上，我跟她一起回家，她全程没有跟我说半句话，我们俩就一前一后在那街道上走着，路灯下的身影一会儿在我们前面一会儿又跑到我们后面，刚被拖得很长，转眼又变得很短。那天，我仿佛觉得李小丢在故意跟我生气，也许李小丢是喜欢我的，我看着不远处的星空，在想，如果李小丢真喜欢我，为什么不跟我说？哦，女孩子是不会轻易主动的。算了，还是别胡思乱想了，李小丢有那么多人追，根本就不可能喜欢上我。

可是我觉得那个时候的李小丢完全没有半点当仁不让的霸道，即便是她不喜欢我，也不应该对我的态度瞬间跌入谷底。说实话，我很讨厌她对我爱搭不理的样子。

喜欢一个人是直觉，但是喜欢之后也许就是错觉。我不知道我对W到底只是好感还是喜欢，虽然跟她在一起之后，我越发了解她的不通情达理、不善解人意，但是我还是喜欢有她陪着我的。我不知道喜欢一个人到底得需要具备哪些元素，也不知道跟一个自己喜欢的人在一起后是否滋生厌恶。那个年纪的我，根本就不会去想这些。

我跟W很好，好到李小丢远离我的世界也没有受到太大影响。

初三那年，我们都准备着中考，而李小丢在准备着SLEP和SSAT的考试。后来我才得知她的父母想送她去美国念高中。“反正都是要出国的，索性就早点出去好了。”这是她父母的原话，李小丢后来跟我说的。

我不需要参加中考，我通过了省重点的提前招生，所以那个时候我有大把的时间陪W念书。我帮W整理课堂笔记，帮她整理错题集，很多难点、易错点标识得清清楚楚，我想我是全天下最好的男友。而与此同时，李小丢已经几乎很少来学校上课，她不需要参加中考，只需要准备好那些我不知道是什么意思的英语考试就行了。

临近中考的周末，我在家闲得没事，坐在阳台上发呆，W要中考了，我不能去打扰她。“为了更幸福的将来，必须忍受孤独的现在”——这是我跟她的作战口号，只要她能考上我保送的中学，就等于开启了一扇幸福的大门。虽然这扇门里有着更多不可阻挡的挫折和前所未有的压力，但我们相信我们会乐此不疲的，只要我们在一起就行，我们对此深信不疑。

我想给W打电话跟她聊几句，应该是不会打扰到她吧，复习也不急于一时吧，况且凭W的成绩，只要她稍微正常发挥，够到我那所学校基本线是没有问题的。就在我思前想后要不要给W打电话的时候，电话铃响了。我原以为是W，所以没搞清楚对方是谁，就用恋人的口吻说道："你是不是学累了，想我了呀，我刚准备给你打电话，你就打过来了，我们真是心有灵犀一点通呀。"

电话那头沉默了一会儿，说："我不是那谁，我是李小丢，顾大头，你谈恋爱谈傻了吧。"

我赶忙为刚才的举措道歉："小丢，抱歉呀，我没想到是你给我打电话，你找我干吗呀？你出国考试准备得怎么样了？"

李小丢告诉我她出国考试早就通过了，这次打电话来是想在出国之前请我吃顿饭，她说她出国后可能就很少回来了。

我很不解："你要在美国定居吗？"

"这个我没想那么多，但我至少要在国外念完大学才会考虑回不回国发展，我爸的意思是最好在美国落地生根。"

“什么叫落地生根，你想嫁给白种人还是黑种人？”我在电话这头使劲调侃她。

“就是有可能是我俩最后一次见面了，顾成，你到底来不来？”

“来！”当她跟我说最后一次的时候，我觉得我什么玩笑都开不起来了。一个在我生命里闯荡了六年的女生，她要单枪匹马去另外一个国度，我不知道这对十五岁的我来说意味着什么。那个时候的我固执地以为喜欢的人就应该在一起，好朋友就不要分开。但是这个同样十五岁的女生似乎在挑战着我的世界观，她试图告诉我，分离才是这个世界的常态，而在一起反而成了特殊形式，是小概率事件，是可遇不可求的，全凭机缘。

那天，我好像要故意给这场最后的晚餐留下点不可磨灭的印记似的，生怕她在那遥远的国度不会想起我来。

“现在好了。每次一不留神，你都会想起曾经有个叫顾大头的浑蛋用水果刀差点杀了你吧。”

我去厨房拿来水果刀切她妈给我们准备的水果盒，我切完准备把水果刀放回原处的时候，一不小心划到了李小丢的肘关节，就像圆珠笔画在洁白无瑕的校服上，一道印痕清晰可见地显露在我们面前。

我赶忙找来急救包，拿起双氧水和棉花球给她止血消毒。

她居然没有对我发脾气，只是轻声细语说一句：“轻点，有点疼，这事不能被我妈发现，收拾完赶快清理现场。”

过了一会儿，她又问我：“你是不是想谋杀我呀，好去赶忙陪你的那谁。”

“别逗了，都是我粗心大意，害你毁容了。”

“幸亏不是脸上，要是脸上我就在你脸上刻上‘大头’两个字。”

“你真残忍，这样也好，要不你也给我来一刀，我们可以凭着这记号相认。”

“我可没这癖好，你记住我这张天生丽质的脸就够了，这印痕说不定哪天就没了。”

我给他看我的手腕处，说：“我曾经自己玩小刀划到自己，现在这印痕还在，估计难以褪去了。”

那天我在她家玩到很晚才回家，她父母并不排斥有男孩子来他们家陪他们女儿。我猜想她父母可能也在美国待过很多年吧。我离开的时候，她父母还让李小丢送我一程，我们又走在了那条街道上，只是我们这次并没有发生任何有趣的故事，她陪我走了几步，然后就回去了，我想我跟她最后的离别太没有仪式感了，我很后悔当初没有跟她来个拥抱，我想她是不会拒绝的，她父母也是不会不允许的。

后来她出国前一天晚上给我打了一次电话，我们全程没有说几句话，她在电话那头忘我地哭了十几分钟，然后突然语气欢快地说：“晚安。保重。”

5.

她再次叫我顾大头的时候，我差点没认出她来，幸亏有我当年的杰作。

我说：“这么多年不见，你都变样了，变得让我想搭讪了。”

她对我说：“这么多年没见，你居然变得油嘴滑舌了。不过说真的，你比之前高了，俊了，你要是不叫我名字，我刚刚差点就动心了。”

“现在动心也来得及呀。”我说。

“得了吧，你跟那谁不是好得很吗？”

“早分了。”我说。

我跟W高中开学没多久就分手了，她考上了我保送的高中，但是并不跟我在一个类型的班。她到了高中变得很快，经常跟一些不三不四的人在一起。一开始我并没有在意这些事情，毕竟刚开学认识些新朋友是好事，但是她却很快丢失了自我，被那些自费生带去上网吧，稍有时间就偷溜出去。我们学校进出校门管得很严，上课期间没有班主任的证明是不让出去的，她们就伪造假的出门证明。我不知道她们从哪里偷来一本本出门证明，只要想出去就会撕一张，模仿班主任笔迹在上面签字，然后大摇大摆地走出去。

我去劝她迷途知返，被几个与她同行的男生给截住，她丝毫没有悔改之心。后来我看到她在网吧门口跟一个男生亲昵，我想我终究是喜欢上了一个不懂事的女孩。我想改变她，她却说我太落伍。非主流的世界我不屑为伍，对不起，我离开了，我对她说：“你一个人慢慢玩，哦不对，你们一堆人慢慢玩。”

李小丢听我的故事听得入迷，她说：“现在不是有首歌唱得好吗，爱上一匹野马，可我的家里没有草原。你还是拴不住人家的心。”

我说：“往事不堪回首，不提她了。李小丢，你不觉得你还欠我一个拥抱吗？”

“什么时候？”

“八年前，在你送我回去的时候，我们没有一点告别的仪式感。”

“所以现在要补上吗？”

“嗯。我是这么认为的。”

拥抱的时候，心跳像青草，像风铃，像晚秋熟透的果子坠落大地。

6.

李小丢告诉我她在美国西海岸吃惯那里正宗的墨餐后回国，竟说出了“真还不如五道口的好吃呢”的话。她问我要不要去La Bamba坐坐，我说“何乐而不为呢”。她告诉我她来北京已经有一年多，对五道口这块情有独钟。

我问她：“你不知道我大学就在这儿附近念的吗？”

她摇摇头说：“不知道呀，我回国的时候，你也毕业了吧？”

李小丢是个奇葩，她告诉我她是每次去La Bamba，必点Burrito的人。La Bamba的烤奶酪卷分为几层，被玉米饼皮包裹下的碎肉被切得很精细，在碎肉下的Burrito底更是做得相当完美，红豆泥和不算浓烈的奶酪相互交融；将凉凉的碎番茄的真料酱均匀地撒在碎肉上，再一次形成另一种交融，就这样的多重滋味的融合共同支撑起了这道Burrito的全部。

她说得头头是道，我对眼前这位吃货开始刮目相看，深知“三百六十行，行行出状元”的道理。

她继续说道：“所以我每次再配上几杯金汤力、一份恺撒沙拉就撑得不行了。”

我打断她，我说：“你这几年除了吃就没学过别的本领吗？”

“有呀，学会忘记你。”她说这句话的时候，眼睛正跟随叉子寻找恺撒沙拉里面的牛肉片，她并没有抬头看我。

“这么说你小时候喜欢我喽？”不得不说，我对八年前李小丢跟我之间的关系一直没有明确的界定。我总觉得她是喜欢我的，我想到那封幼稚情书，想到我跟W谈恋爱的时候她的躲躲闪闪，想到她出国前给我打的最后一通电话。

即使是八年以后，我们都不再是那个为了一丁点不悦就跟对方冷战一年的小孩，也不是那个吃着水果盒讨论水蜜桃和荔枝是不是古代恩宠的死对头。

她说，小时候不懂事，也不知道什么是喜欢，就是想跟喜欢的人一起放学回家，看到他跟别的女生在一起会吃醋，但又生怕他看出自己的心思。不过，所有人都会长大的，长大了才发现那个时候太幼稚了。

我那时明白了，我们都真的笨拙过，笨拙到连喜欢一个人都没勇气去说。但不可质疑的是，多年以后，你很确切地告诉自己，在复杂的人心和浩瀚的擦肩里，我做过最认真的一件事，就是纯粹地喜欢过一个人。

我不知道我跟李小丢会不会一起前往恋人絮语耳鬓厮磨的山盟海誓，我也不知道岁月能否给我们一个机会让我们打破八年前的闭口不提。我想有些爱，只能止于唇齿，掩于岁月。有些东西，生活自会让幼稚的我们明白。只是需要一点点时间罢了。

那天，我告诉李小丢一个我珍藏八年的秘密，之后她就泣不成声。

其实我也没说什么感动人的话，她这爱哭的毛病还是没改。

我对她说，六年级那次班长竞选，我交上去的纸条上其实写的只有一个名字，是你——李小丢。

她泣不成声的一个瞬间，我不由自主看了看窗外，树叶交密处暗黄的路灯灯晕打在夜色中的一片宁静，竟显得与这个城市格格不入起来。

我突然想起我第一次送李小丢放学回家的那天晚上，她在路灯下大声念我替别人写给她的情书。在那之前，我问她：“李小丢，你有没有想好选哪个？”

“选你个大头鬼……”

想和你做最幼稚的事，比如一起去商场玩娃娃机，或许还可以跟你说最幼稚的情话：世界是一个巨大的娃娃机，我趴着窗户，只想要里面的你。晚安。

图书在版编目（C I P）数据

你的每一个晚安，都那么意义非凡 / 居经纬著. -
成都 ：四川文艺出版社，2016.2
ISBN 978-7-5411-4032-7

Ⅰ. ①你… Ⅱ. ①居… Ⅲ. ①爱情—通俗读物 Ⅳ.
①C913.1-49

中国版本图书馆CIP数据核字(2016)第016545号

NIDE MEIYIGE WANAN DOU NAME YIYIFEIFAN

你的每一个晚安，都那么意义非凡

居经纬 著

策划出品　磨铁图书
责任编辑　周铁
封面设计　silenTide

出版发行　四川文艺出版社（成都市槐树街2号）
网　　址　www.scwys.com
电　　话　028-86259285（发行部）　028-86259303（编辑部）
传　　真　028-86259306

邮购地址　成都市槐树街 2 号四川文艺出版社邮购部　610031
印　　刷　北京鹏润伟业印刷有限公司
成品尺寸　146mm×210mm　1/32
印　　张　9　　　　　　　　字　　数　243千
版　　次　2016 年 3 月第一版　印　　次　2016 年 3 月第一次印刷
书　　号　ISBN 978-7-5411-4032-7
定　　价　39.80 元